LA JEUNE INDIENNE

COMÉDIE EN UN ACTE ET EN VERS

PRINCETON PUBLICATIONS IN ROMANCE LANGUAGES

La Jeune Indienne
COMÉDIE
EN UN ACTE ET EN VERS
PAR CHAMFORT

AVEC UNE INTRODUCTION PAR
GILBERT CHINARD

PRINCETON, NEW JERSEY
PRINCETON UNIVERSITY PRESS
MCM·XLV

COPYRIGHT, 1945, BY PRINCETON UNIVERSITY PRESS
LONDON: HUMPHREY MILFORD, OXFORD UNIVERSITY PRESS

*The publication of this book has been aided by
the Princeton University Research Fund*

PRINTED IN THE UNITED STATES OF AMERICA
BY PRINCETON UNIVERSITY PRESS AT PRINCETON, NEW JERSEY

À CEUX DE MES ÉLÈVES
QUI ONT ABANDONNÉ LEURS ÉTUDES
POUR SERVIR
LEUR PAYS ET LA CAUSE COMMUNE

Inter arma litteræ vocant

INTRODUCTION

LE THÈME principal de la comédie en un acte qui fut représentée pour la première fois le 30 avril 1764 par les Comédiens ordinaires du roi, sous le titre de *La Jeune Indienne*, est aussi vieux que le monde et que l'égoïsme masculin. Aussi serait-il aussi facile qu'oiseux d'indiquer toutes les sources et tous les rapprochements possibles, au risque d'écraser sous un pesant commentaire cette œuvre de jeunesse que Rœderer qualifiait "d'élégante et parfaite bagatelle." Il se trouve cependant que cette simple histoire d'une sauvagesse compatissante qui, après avoir sauvé la vie à un Européen, risque d'être lâchement abandonnée par lui, a excité un intérêt hors de proportion avec sa valeur artistique et que la petite pièce de Chamfort marque une date dans l'histoire des relations franco-américaines aussi bien que dans l'histoire de l'exotisme sentimental. Nous avons pensé qu'il importait surtout de rendre accessible un texte qui, après le dix-huitième siècle, n'a été réimprimé que dans les éditions des œuvres complètes de Chamfort. Il n'est point dépourvu de tout agrément et sa valeur documentaire est certaine.

L'AUTEUR

SÉBASTIEN-ROCH NICOLAS, qui prit au sortir du collège le pseudonyme de Chamfort, naquit probablement dans un village voisin de Clermont, selon certains en 1740, selon d'autres en 1742, selon M. Maurice Pellisson qui a écrit sur lui la biographie la plus complète que nous possédions, vraisemblablement le 6 avril 1740. Il fut élevé par une brave femme Thérèse Croiset, femme de l'épicier François Nicolas, qu'il traita toujours comme sa mère. Il ne semble pas avoir jamais connu le nom de son père. Entré tout jeune comme boursier au Collège des Grassins, ce qui permet de supposer que quelque personne influente s'intéressait à lui et l'avait recommandé, il fut d'abord un élève médiocre, puis brillant, mais toujours indiscipliné et irrespectueux. Destiné par ses maîtres à l'état ecclésiastique, il s'échappe avec son camarade Letourneur, le futur traducteur de Shakespeare et d'Ossian, voulant sans doute aller à la découverte de quelque Amérique. Il n'alla pas plus loin que Cherbourg; quand il revient à Paris, à la fois penaud et obstiné, il a déjà décidé de faire sa vie lui-même. A dix-huit ans, le voilà sur le pavé de la capitale, comme il était arrivé à Diderot et à tant d'autres avant et depuis, courant le cachet, à l'affût de minces besognes pour les libraires. Il devient précepteur du neveu du comte Van Eyck et secrétaire de l'oncle; mais il se brouille bientôt avec son protecteur. Il voyage en Allemagne, va à Cologne, retourne à Paris, collabore pendant deux ans au *Journal Encyclopédique*. Il se sent du talent et de l'esprit; il est dévoré d'ambition, mais il n'a ni grand projet ni grande idée. Il est d'une fierté ombrageuse et convaincu en même temps que, dans la société telle qu'elle existe, on ne peut arriver, si l'on n'est pas né, que par l'intrigue et la protection de gens en place qu'il faut se résigner à flatter tout en les méprisant. Il ne sait guère qui suivre ni à qui s'attacher. En 1759 paraît *Candide* et notre jeune écervelé de faire circuler un petit poème qu'il faut citer, car nous verrons que son attitude à l'égard de Voltaire devait bientôt devenir toute autre:

> Candide est un petit vaurien
> Qui n'a ni pudeur ni cervelle;
> A ses traits on reconnaît bien
> Frère cadet de la Pucelle.

> Leur vieux papa, pour rajeunir,
> Donnerait une belle somme;
> Sa jeunesse va revenir,
> Il fait des œuvres de jeune homme.
> Tout n'est pas bien: lisez l'écrit,
> La preuve en est à chaque page,
> Vous verrez même en cet ouvrage
> Que tout est mal comme il le dit.
>
> (ŒUVRES, V, 222)

Nous arrivons ainsi à l'année 1763; Chamfort est parvenu à pénétrer dans les cercles de gens influents, il a gagné des protecteurs par son esprit; mais il n'a encore rien écrit qui vaille. Par un coup double, il va s'efforcer d'attirer sur lui l'attention du public. En même temps, il travaille à une *Epître d'un père à son fils, sur la naissance d'un petit-fils*, sujet mis au concours par l'Académie française, et à une pièce, modeste d'apparence mais grosse d'ambitions, qui peut-être lui permettra d'entrer à la Comédie française par la petite porte. Les deux publics sont bien différents. Pour la noble assemblée, il conviendra de condamner les passions, de prôner la religion, la charité, les lois, le patriotisme:

> Le sage est citoyen: il respecte à la fois
> Et le trésor des mœurs, et le dépôt des lois.

Dans sa comédie, au contraire, il mettra toutes les théories philosophiques à la mode et aussi, peut-être à son insu, ses rancunes déjà grandissantes. Gaiffe qui a jugé la pièce sans indulgence, dit en conclusion: "Si elle comportait cinq actes, toutes nos lois, toutes nos conventions, toute notre morale y passeraient et les œuvres complètes de Rousseau nous seraient débitées en tranches, impitoyablement" (*Le Drame en France au XVIIIᵉ siècle*, Paris, 1910, p. 252). Nous aurons l'occasion de montrer que ce verdict est non seulement trop sévère, mais encore fort superficiel. Il se peut, comme le veut Pellisson, que Chamfort ait été conquis par la *Nouvelle-Héloïse*, mais c'est vers Voltaire qu'il se tourne tout d'abord. C'est que Voltaire peut bien être condamné par la Sorbonne et le Parlement, de Ferney il n'en exerce pas moins une véritable royauté sur le monde des lettres et il domine le théâtre. Au plus tard dans les derniers jours de 1763, Chamfort envoie donc son manuscrit avec une lettre qui malheureusement n'a pas été publiée et Voltaire, qui n'était point insensible à la flatterie des jeunes et ignorait sans doute qui était l'auteur de la petite pièce sur *Candide*, de lui répondre de façon charmante, en janvier 1764:

> Je saisis, Monsieur, avec vous et avec M. de la Harpe, un moment où le triste état de mes yeux me laisse la liberté d'écrire. Vous parlez si bien de votre art que, si même je n'avais pas vu tant de vers charmants dans la *Jeune Indienne*, je serais en droit de dire: "Voilà un jeune homme qui écrira comme on faisait il y a cent ans."
>
> J'attends avec impatience votre Jeune Indienne; le sujet est très-attendrissant. Vous savez faire des vers touchants; le succès est sûr; personne ne s'y intéressera plus que votre très-humble et obéissant serviteur.... (*Œuvres*, éd. Moland, vol. 43, p. 112.)

Le grand homme se répandait ensuite en invectives contre les Welches et contre Crébillon et Fréron qui égaraient le goût des jeunes. Il n'est pas défendu de croire que Chamfort se soit servi de cette précieuse recommandation pour se pousser et pour pousser sa pièce auprès des comédiens et de ses protecteurs éventuels. *La Jeune Indienne* avait été mise en répétition pendant le Carême et était annoncée pour la rentrée de la Comédie. L'auteur était à la fois rempli d'espoir et d'amertume. Son biographe et ami Ginguené rapporte la conversation qu'il eut alors avec Sélis:

> Vous me voyez bien pauvre diable; eh bien! savez-vous ce qui m'arrivera? J'aurai un prix à l'Académie; ma

comédie réussira; je me trouverai lancé dans le monde et accueilli par les grands que je méprise: ils feront ma fortune sans que je m'en mêle, et je vivrai en philosophe.

Le 30 avril, une semaine après Pâques, la Comédie Française rouvrit ses portes avec un compliment "suranné lu par Augé" et *Héraclius* que l'on reprenait, non sans quelque perfidie peut-être, alors que le monde littéraire discutait âprement le *Commentaire sur Corneille* que venait de donner Voltaire et dans lequel il manifestait sa préférence pour Racine. S'il faut en croire Bachaumont la pièce de Chamfort avait été déjà "très vantée et lue à tous les coins de Paris."

La représentation donna lieu à un incident assez tumultueux. A la fin de la pièce, l'auteur fut réclamé à grands cris. Cédant aux représentations de ses amis, au nombre desquels se trouvaient le duc de Duras et d'Argental, Chamfort refusa de venir saluer l'assistance, malgré les conseils de Duclos qui aurait voulu lui voir suivre l'usage. "Il est à souhaiter, ajoute Collé qui relate l'incident, que cet usage fasse planche et que les auteurs ne regardent plus comme une gloire cette basse et humiliante présentation." (*Journal et Mémoires de Charles Collé*. Paris 1868. vol. II, p. 364.)

La version de Bachaumont est très différente. Selon les *Mémoires secrets* (30 avril 1764) la pièce avait été très légèrement et très médiocrement applaudie. A la fin cependant, les amis de l'auteur s'avisèrent de le demander et de nombreux spectateurs se joignirent à eux "par dérision" et pour "hurler avec les loups."—"L'auteur à qui sa conscience reprochoit intérieurement son ineptie et son peu de mérite pour être digne de l'attention du public s'est bien donné de garde de prendre ce persiflage pour un empressement véritable: enfin le sieur Molé a paru seul, comme pour annoncer que l'auteur n'y étoit pas. Les brouhahas ont redoublé, . . . les clameurs ont continué et les comédiens ont fait tomber la toile. Ce coup de théâtre a terminé cette scène indécente et pitoyable."

Les deux versions ne sont pas d'ailleurs irréconciliables, mais le succès de la pièce n'est pas douteux. Du 30 avril au 15 juin, *La Jeune Indienne* fut donnée 9 fois et la part de Chamfort dans les bénéfices fut de 524 livres qui lui furent payées à cette date. Le jeune auteur était bien lancé. Il imprime sa pièce en toute hâte, donnant tous ses soins à la correction des épreuves, "exigeant" un errata au dernier moment, et il envoie la brochure à la fois à Rousseau et à Voltaire, car il lui faut ménager tous les partis et se faire des amis dans tous les camps.

Dans la lettre à Rousseau, qui a été conservée et publiée, il proclamait la dette qu'il avait contractée à l'égard du philosophe de Genève:

> Vos ouvrages ont fait longtemps mon étude et mes délices, disait-il, ils sont le portrait de l'homme naturel. Le caractère de Betty leur doit sans doute beaucoup. Quelque détaché qu'on soit de la gloire, il me semble qu'il est beau de dire aux hommes des vérités assez essentielles pour qu'ils soient étonnés de ne pas les avoir sues plus tôt. C'est ce que vous avez fait, Monsieur, vous les avez présentées sous un jour si lumineux que, placées ensuite sur le Théâtre, elles ont des droits sur le cœur de tous les hommes. (*Correspondance générale de J.-J. Rousseau*. Ed. Dufour. XI, 74.)

Bien que Rousseau se soit déclaré touché de cette admiration juvénile, rien n'indique dans sa réponse, datée du 24 juin, qu'il ait même jeté un coup d'œil sur la pièce dont il ne fait pas la plus légère mention. (Id. XI, 148.)

Il est regrettable que nous n'ayons pas la lettre que Chamfort écrivit à Voltaire. Sans aucun doute, il s'y proclamait le disciple du philosophe de Ferney comme il s'était proclamé disciple de Jean-Jacques. Par contre nous avons la réponse de Voltaire qui ne ménageait pas les compliments au jeune auteur :

> La *Jeune Indienne* doit plaire à tous les cœurs bien faits. Il y a d'ailleurs beaucoup de vers excellents. J'aime à m'attendrir à la comédie, pourvu qu'il y ait du plaisant. Vous avez, ce me semble, très-bien réussi dans ce mélange si difficile : je suis persuadé que vous irez très-loin. (*Œuvres*, XLIII, 225, 25 mai 1764.)

C'était là plus que de l'eau bénite de Ferney et Voltaire n'oublia pas *La Jeune Indienne*. Trois ans plus tard, il mettait la dernière main à sa tragédie pastorale des *Scythes*, pièce trop peu étudiée, dans laquelle Voltaire s'amusait à donner dans le primitivisme et à rencontrer Jean-Jacques sur son propre terrain. Il se souvint alors de la petite pièce de Chamfort qui lui semblait tout à fait propre à accompagner et à faire ressortir la sienne et il écrivit à d'Argental :

> Voici le temps de copier les rôles et de les apprendre ; il n'y a plus à reculer ni à travailler. Je demande seulement qu'on joue la *Jeune Indienne* avec les *Scythes*. Je serais bien aise de donner cette marque d'attention à M. de Chamfort, qui est, dit-on, très aimable, et qui me témoigne beaucoup d'amitié. (*Œuvres*, vol. 53, p. 225, 10 février 1767.)

Ces citations n'étaient pas inutiles, ne serviraient-elles qu'à prouver que, contrairement à la légende propagée par Ginguené et pieusement recueillie par Gaiffe, Chamfort n'était pas exclusivement le disciple de Rousseau. Nous aurons l'occasion d'y revenir.

Le prix de l'Académie suivit de près le succès de la pièce. Le 18 août, Bachaumont notait que : "L'Académie Françoise a décerné le prix de poésie de cette année à M. de Chamfort, auteur de *La Jeune Indienne*." Le prix ne fut annoncé que dans la séance publique du 24, "mais on savoit d'avance que M. de Chamfort l'obtiendrait." Il reçut bientôt la consécration définitive : en décembre, il fut violemment attaqué dans une brochure intitulée *Lettres à M. de***, docteur en Sorbonne, sur la pièce qui a remporté le prix à l'Académie françoise,* où l'auteur prétendait démontrer "qu'on trouve dans la pièce de M. de Chamfort les principes de Rousseau, de M. de Montesquieu, de M. Helvétius, &c., enfin de tous les philosophes modernes, qui s'efforcent depuis long-tems d'étendre leur complot secret contre la religion." (*Mémoires secrets*, 21 décembre, 1764.)

Protégé de d'Argental, se targuant de l'amitié de Voltaire, lauréat de l'Académie française à 22 ans, auteur d'une pièce à succès, reçu dans les cercles littéraires, ami de La Harpe, de Marmontel, de Duclos, de Saurin, de Thomas, de Ducis, distingué par la Guimard, comment aurait-il pu encore se proclamer misanthrope? Il reste cependant dévoré d'envie. Madame Suard qui le rencontre à cette date dans le salon de Saurin, le décrit "l'envie et les furies empreintes sur son visage" à la lecture fort applaudie faite par Delille de morceaux de son poème sur les *Jardins*. (*Essais de Mémoires sur M. Suard*, Paris, 1820, p. 77.)

Nous n'avons pas à le suivre plus loin dans une carrière où il accumule les succès académiques avec un *Éloge de Molière*, 1769, un *Éloge de Lafontaine*, 1774, sa réception à l'Académie française, venue après plusieurs échecs en 1781, ce qui ne l'empêchera nullement de lancer contre les *Académies*, en 1791, une attaque furieuse et d'en proposer la suppression. Il écrit des livrets de ballets, une autre comédie, le *Marchand de Smyrne*, turquerie philanthropique, en 1770. En 1777, il dédie à la jeune reine, Marie-Antoinette, la tragédie de *Mustapha et Zéangir*, et signe fièrement "M. de Chamfort, secrétaire des commandements de son Altesse Sérénissime Monseigneur le Prince de Condé." Il se lie avec Mirabeau et par lui connaît Franklin; mais il n'en reste pas moins à la solde des libraires et, sans doute pour se procurer des ressources régulières continue sa collaboration à l'énorme

Vocabulaire français publié par Pancoucke, dont le trentième et dernier volume parut seulement en 1786. On connaît son rôle pendant la Révolution: comment il se lance avec ardeur dans la bataille et écrit le texte du splendide album de Duplessis-Bertaut *Tableaux historiques de la Révolution française*; comment il devient bibliothécaire de la Bibliothèque nationale, puis est arrêté comme suspect de modérantisme et bientôt relâché. Menacé d'une seconde arrestation, il tente de se suicider et manque son suicide comme il avait manqué sa vie. Il traîne pendant quelques mois une existence lamentable et meurt enfin le 13 avril 1794.

Il a résumé son existence remplie de désillusions et d'aspirations frustrées dans une de ses maximes:

> Ma vie entière est un tissu de contrastes apparents avec mes principes. Je n'aime point les princes, et je suis attaché à une princesse et à un prince. On me connaît des maximes républicaines et plusieurs de mes amis sont revêtus de décorations monarchiques. J'aime la pauvreté volontaire, et je vis avec des gens riches. Je fuis les hommes, et quelques-uns sont venus à moi. Les lettres sont presque ma seule consolation, et je ne vais point à l'Académie. Ajoutez que je crois les illusions nécessaires à l'homme, et je vis sans illusion; que je crois les passions plus utiles que la raison, et que je ne sais plus ce que c'est que les passions, etc. (*Œuvres*, vol. 1, p. 409.)

Cet être étrange et amer avait su cependant se créer et conserver des amis fidèles. Ce fut l'un d'eux, Ginguené, qui, après sa mort, réunit et classa les "petits carrés de papier" sur lesquels il avait au jour le jour recueilli des anecdotes, des mots piquants, des réflexions ironiques ou indignées. Ces *Produits de la civilisation perfectionnée*, tel est le titre qu'il comptait donner à ce recueil, ces *maximes et pensées*, ces *caractères et anecdotes* devaient plus faire pour sa renommée que sa tragédie racinienne, ses comédies aujourd'hui bien oubliées, ses éloges académiques et ses nombreux essais de critique. Il a trop manqué de suite, de souffle et d'envol pour être un auteur de premier ordre; il s'est trouvé cependant que cet enfant naturel, ce plébéien envieux, ce voluptueux qui a payé ses folies de jeunesse par les souffrances de l'horrible maladie qu'il traîna pendant trente ans, a préservé et distillé dans ses pensées l'essence même de l'esprit du dix-huitième siècle finissant et de la société la plus raffinée, la plus corrompue, la plus sentimentale que la France ait connue.

Il savait qu'il manquait d'originalité et d'imagination créatrice, et il s'est défini lui-même avec une sévérité trop clairvoyante pour n'être pas un peu injuste, quand il a écrit à l'un de ses amis: "Vous savez que j'excelle à traduire les pensées de mon prochain." Il a reflété la pensée de ses contemporains, non pas comme un miroir, mais comme un diamant aux nombreuses facettes qui renvoie en étincelles brillantes la lueur reçue d'un faible lumignon. Il n'était d'ailleurs ni tout à fait aussi misanthrope ni tout à fait aussi cynique qu'il a voulu se faire: à côté de tant d'anecdotes contées de façon cruelle et froide, il faut placer l'*Histoire de Madame Michelin*, plus émouvante dans sa simplicité dépouillée que toutes les déclamations de Diderot. Il a écrit, après la mort de la seule femme qu'il ait vraiment aimée, une courte pièce, *A celle qui n'est plus* où l'on trouvera un Chamfort bien différent du Chamfort des "pensées" et dont il faut retenir le dernier vers:

Ces yeux que j'adorais, ma main les a fermés!

Dans les "pensées" même, on pourrait trouver de nombreux traits qui permettent de douter de la sincérité et de la profondeur de son cynisme. Il a composé son personnage, il s'est fait de l'ironie et de l'esprit une armure et une défense; il se savait faible et il a voulu être dur pour se protéger. Au moment où il écrivait *La Jeune Indienne*, il était encore hésitant et indécis, partagé entre les généreuses aspirations de la jeunesse et les moyens de parvenir qu'il employait déjà sans pouvoir se justifier à ses propres yeux. Ce n'est pas là, nous essaierons de le faire voir, un des caractères les moins curieux de cette œuvre de débutant.

LA GÉNÉALOGIE DE "LA JEUNE INDIENNE"

Pour son début au théâtre, Chamfort avait choisi un thème à la mode, et les contemporains ne s'y sont pas trompés. Dès la première représentation, Bachaumont indiqua que la pièce était "tirée du *Spectateur anglais* dont M. Dorat vient de faire une héroïde intitulée *Zeila*." Grimm, de son côté, notait dans sa *Correspondance littéraire*: "Voilà encore un sujet dont l'histoire d'Inkle et d'Yarico insérée dans le *Spectateur* et imitée par M. Dorat dans sa *Lettre de Zéila*, a donné la première idée." (Ed. Tourneux, vol. 5, p. 491. Premier mai 1764.)

Pour écarter immédiatement toute idée d'imitation de la part de Chamfort, rappelons simplement que le jeune auteur avait envoyé son manuscrit à Voltaire au plus tard au début de 1764, que Voltaire en avait accusé réception en janvier, et que Grimm (id. vol. v, p. 452) ne parle de l'héroïde de Dorat que le 15 février de la même année. Les rapports sont d'ailleurs des plus lointains, et Grimm n'avait pas tort de qualifier "l'histoire de M. Dorat" de "conte d'enfant," n'ayant "ni naturel, ni vérité."

Quelle était donc cette histoire d'Inkle et d'Yarico dans laquelle Grimm avait trouvé "un grand caractère et une morale profonde?"

Le Professeur Lawrence Marsden Price, de l'Université de Californie, en a récemment retracé le développement dans le plus grand détail: *Inkle and Yarico Album*, Berkeley, University of California Press, 1937. On pourra s'y reporter pour les détails que nous ne pouvons reprendre ici. On me permettra de renvoyer en même temps à mon ouvrage sur *L'Amérique et le rêve exotique dans la littérature française au XVIIIe et au XVIIIe siècle*. Paris, 1913 et 1934.

M. Price prend pour point de départ un passage tiré de l'honnête voyageur Richard Ligon, dont la *True and Exact History of the Island of Barbadoes* fut publiée à Londres en 1657. Une autre édition parut en 1673 et l'ouvrage fut traduit en français en 1674. Ligon y raconte comment un jeune marin anglais, qui s'était égaré dans une île habitée par une peuplade sauvage, fut soigné et secouru par une Indienne qui le cacha dans une caverne et se prit pour lui d'un grand amour dès qu'elle le vit, "at first sight." Quand, quelque temps plus tard, le jeune homme fut recueilli par ses compagnons, il ramena avec lui son amante sauvage et de retour à la Barbade, sans plus d'affaire, la vendit comme esclave, alors que la pauvre fille était née aussi libre que lui. "Ainsi la pauvre Yarico pour son amour perdit sa liberté," *And so poor Yarico for her love, lost her liberty*, est la simple phrase par laquelle le narrateur termine cette anecdote qui n'est pas dépourvue de littérature. Bien que M. Price accepte sans discussion cette aventure comme authentique, je me permettrai de rapprocher un passage du vieux voyageur français Jean Mocquet, qui présente des ressemblances frappantes avec le récit de Richard Ligon et que j'ai déjà signalé dans mon livre sur *l'Amérique et le rêve exotique*.

Jean Mocquet raconte comment un pilote anglais, laissé presque sans vie par une tempête sur la côte du Brésil, après avoir vu périr tous ses compagnons, trouva une Indienne dont il s'énamoura:

> Luy faisant de belles promesses par signes qu'il l'épouse-roit, ce qu'elle creut, le conduisant parmy ces déserts pendant

plus de 800 lieues, et arrivèrent enfin dans un pays où ils trouvèrent un vaisseau anglois. Eux, le menèrent à bord pour luy faire bonne chère; mais ayant honte de mener avec luy ceste Indienne, et d'avoir eu affaire avec elle, il la laissa à terre sans autre compte. Mais elle, se voyant ainsi délaissée de celuy qu'elle avoit tant aimé, et pour qui elle avoit abandonné son pays et les siens et l'avoit si bien guidé et accompagné par ces lieux où il fust mille fois mort sans elle, pleine de rage, après avoir fait quelques regrets, elle prit son enfant et le mettant en deux pièces, elle en jetta une moitié vers luy en la mer, comme voulant dire que c'estoit sa part; et l'autre, elle l'emporta avec soy, s'en retournant à la mercy de la fortune et pleine de deuil et desconfort.... Comme les matelots luy demandoient quelle estoit cette femme, il respondit que c'estoit une sauvage et qu'il n'en falloit faire aucun compte. (*Voyages en Afrique, Asie, Indes Orientales et Occidentales*, Paris, 1616, p. 150.)

Que Ligon ait ou non connu le récit de Jean Mocquet, c'est de Ligon et non de Mocquet que s'inspira Steele qui reprit l'histoire lamentable de la pauvre Yarico dans le *Spectateur* du 13 mars 1711, non sans la corser de nombreux embellissements. Il ajoute notamment un détail qui ne se trouvait pas chez Ligon, que l'amant de Yarico, à qui il donne le nom d'Inkle, agissant en homme plein de sens pratique, "the prudent and frugal young man," fit remarquer en vendant la malheureuse fille qu'elle attendait un enfant, ce qui augmentait sensiblement sa valeur marchande.

Nous ne suivrons pas la fortune d'Yarico en Angleterre. Telle qu'elle était présentée par Steele l'anecdote était faite pour émouvoir la sensibilité à la mode: elle fut reprise en vers et en prose, forma le sujet de ballets, de tragédies et de comédies. Elle passa sur le continent avec les traductions en allemand et en français du *Spectator*, dès 1713. Elle fut moralisée dans un poème de Christian Fürchtegott Gellert, publié à Leipzig en 1746, dans un recueil bientôt traduit en français et imprimé à Strasbourg sous le titre de *Fables et contes* de M. Gellert en 1750. A la version de Steele, Gellert avait ajouté des commentaires moralisateurs transformant l'anecdote en "fable," se terminant par une morale condamnant à la fois l'amour du lucre et la cruauté d'Inkle. La fable de Gellert fut de nouveau traduite en vers français par Boulanger de Rivery, en 1754, puis par Sedaine, dans son *Recueil de poésies* publié en 1760. En fait, il s'agissait plutôt d'adaptations que de véritables traductions et Sedaine, comme Rivery, avait utilisé le texte de Steele aussi bien que la version du poète allemand.

Nous pourrions négliger ici les trois poèmes ou héroïdes composés par Dorat de 1764 à 1767 sous le titre de *Lettre de Zéila, Réponse de Valcour* et *Lettre de Valcour à son père* dans lesquelles l'auteur s'était donné pour tâche de peindre "cette douce mélancolie, qui est en quelque sorte la volupté de la douleur." Les amours de Zéila et de Valcour dans une île déserte et l'abandon de la jeune Indienne ne sont que le point de départ d'une turquerie sentimentale et nous avons vu que Chamfort avait déjà terminé sa pièce quand parut la première héroïde de Dorat.

Il n'y a pas davantage lieu de s'arrêter au rapprochement que l'on a voulu établir entre *La Jeune Indienne* et l'*Isola disabitata* de Metastase, donnée à Vienne en 1752, avec musique de Bonno. Il s'agit plutôt d'un opéra-comique que d'une comédie: ce n'est en aucune façon une comédie de mœurs ou de caractère. Si Chamfort s'en était inspiré, sa dette serait des plus faibles: en réalité je n'ai pu constater aucune ressemblance ni dans les situations ni dans les caractères. Enlevé par des pirates de l'île où il vivait avec sa femme Costanza et la sœur de celle-ci, la jeune Silvia, Gernando est considéré comme traître par son épouse éplorée qui veut se tuer de désespoir et grave à l'avance son épitaphe sur un rocher avec un fragment d'épée. Gernando revient fort à propos pour l'empêcher de mettre fin à ses jours et tout finit par des chansons.

La liste des rapprochements possibles serait interminable si l'on voulait énumérer toutes les œuvres antérieures à la pièce de Chamfort où une amante délaissée par un amant perfide déplore son infortune. Il importe cependant de signaler une source commune qui, par une omission étrange, ne me paraît avoir été relevée par aucun des historiens du thème. Nul ne devrait cependant ignorer que le développement de l'histoire d'Inkle et Yarico, avec ses nombreuses variantes dans de nombreux pays, coïncide avec un intérêt nouveau pour l'élégie. Ce qui s'impose avant tout est le fait qu'Ovide avait consacré vingt-et-une héroïdes à ces plaintes dont l'écho résonne si fréquemment dans la littérature sentimentale du dix-huitième siècle. Sans aucun doute Chamfort, et avant lui Dorat, avaient lu la lettre d'Œnone à Paris dans laquelle la nymphe paysanne rappelle les simples joies qu'elle partageait avec le beau berger dans leur hutte de feuillage, détail qui, entre parenthèses reparaît chez Steele:

> *Saepe greges inter requievimus arbore tecti;*
> *Mixtaque cum foliis præbuit herba torum.*

Elle a été abandonnée pour une princesse; mais lorsque son amant était pauvre et qu'il gardait ses troupeaux, Œnone était l'épouse de l'humble berger:

> *At quum pauper eras, armentaque pastor agebas,*
> *Nulla nisi Œnone, pauperis uxor erat.*

C'est encore la reprise du même thème dans la lettre d'Ariane à Thésée; l'idylle champêtre qui se déroule dans une île abandonnée, *vacat insula cultu* et dont l'héroïne est exposée aux dangers de la nature sauvage, aux lions à la fauve crinière et aux tigres féroces:

> *Forsitan et fulvos tellus alat ista leones?*
> *Quis scit an hæc sævas tigridas insula habet?*

Il n'est pas jusqu'à la possibilité d'être réduite en servitude qu'elle n'imagine et dans son infortune, il ne lui reste plus qu'à souhaiter de n'être pas chargée de lourdes chaînes:

> *Tantum me religer dura captiva catena;*
> *Neve traham serva grandia pensa manu.*

Vient enfin le tableau de l'abandonnée cramponnée à un rocher frappé par les vagues:

> *Hærentem scopulo, quem vaga pulsat aqua.*

Les cheveux épars sur son visage couvert de larmes,

> *Adspice demissos lugentis in ore capillos,*

elle tend vers son amant inconstant, par delà la mer immense, des mains qui se sont fatiguées à meurtrir son sein affligé:

> *Has tibi, plangendo lugubris pectora lassas,*
> *Infelix tendo trans freta longa manus.*

Tableau dont Chateaubriand devait s'inspirer dans le *Génie du christianisme* pour peindre la femme d'Otaïti: "elle s'assied les pieds dans la mer, la tête baissée, et ses cheveux retombant sur son visage: les vagues accompagnent le chant de sa douleur...."

Ainsi, c'est en réalité chez Ovide que l'on trouvera le traitement déjà presque définitif du thème du départ et de l'abandon, thème qu'il était loin d'avoir inventé. En retracer le développement serait refaire l'histoire de l'exotisme sentimental depuis l'épisode de Nausicaa jusqu'à Loti et aux émules de Loti. Il nous reste à examiner comment Chamfort l'a traité et dans quel cadre il l'a placé.

PRIMITIVISME ET MORALE BOURGEOISE

Le sujet de *La Jeune Indienne* est des plus minces et se réduit à une simple anecdote. La scène se passe dans l'Amérique du Nord, dans la colonie anglaise de Charleston en Caroline du Sud. Un jeune colon anglais, du nom de Belton, ayant quitté sa ville natale pour courir les aventures, fait naufrage sur les côtes d'une île des Antilles. Il est recueilli par un vieil Indien et une jeune sauvagesse qui porte le nom très peu exotique de Betti. Pendant quatre ans, Belton, revenu à la vie simple de nos premiers aïeux, oublie la civilisation et file le parfait amour avec la jeune Indienne. Le vieillard étant mort, il décide Betti à quitter l'île et débarque avec elle à Charleston. Dans l'intervalle, il avait oublié qu'il était à peu près fiancé avec la jeune Arabella, fille d'un riche marchand quaker, Mowbrai. Au débarqué, il est reçu par Mylford, neveu de Mowbrai et jeune colon à la fois léger et pénétré de tous les préjugés sociaux, qui lui rappelle la promesse de mariage existant entre lui et Arabella. Dès lors, le problème est posé. Belton reconnaît que Betti a sur lui des droits supérieurs à ceux que peut faire valoir Arabella, car d'un côté il ne s'agissait que d'un simple mariage de convenances, alors que Betti s'est donnée et fiée à lui après lui avoir sauvé la vie. Il n'en reste pas moins que, s'il épouse sa bienfaitrice sauvage, il sera condamné à une existence misérable car il n'a aucune fortune, et il ne peut s'attendre à ce que la fille des déserts soit bien accueillie par la société de Charleston. Il est d'autant plus embarrassé que le mariage avec Arabella avait été arrangé par son père et que Mowbrai le quaker, scrupuleux observateur de la parole donnée, n'admettrait sans doute pas qu'il se dédît. Timidement, il essaie de faire comprendre à Betti qu'il vaudrait mieux pour elle renoncer à une union qui les condamnerait tous les deux au malheur et les ferait rejeter de la société. Tâche difficile, car société, richesse, conventions, préjugés établis sont autant de mots qui n'ont aucun sens pour la jeune Indienne qui ne sait que son cœur. Il va se décider cependant à épouser Arabella, et le notaire a été convoqué, quand Betti qui comprend enfin la situation lui rappelle ses promesses en présence de Mowbrai. Belton, qui est plus faible que méchant, n'écoute plus que sa conscience et son cœur. Plutôt la misère que de condamner au malheur celle qu'il aime et qui lui a sauvé la vie! Le Quaker, dont la morale et la religion sont conformes à la voix de la nature, ne peut que rendre sa parole à Belton. Il fera mieux, il dotera Betti en faisant inscrire au contrat de mariage une somme de cinquante mille écus, simple restitution d'ailleurs, car cette somme lui avait été prêtée autrefois par le père de Belton. Ainsi se trouvent conciliées la morale de la nature et la morale bourgeoise; ainsi se trouve résolu ou plutôt escamoté le problème qui troublait la conscience hésitante de Belton.

Quelle que puisse être la dette de Chamfort à l'égard de ses prédécesseurs, et en particulier à l'égard de Steele, on voit combien la simple anecdote d'Inkle et Yarico avait été transformée. Une étude rapide des caractères pourra servir à rendre plus sensible la nouveauté et l'originalité de la petite comédie de Chamfort.

Avec *La Jeune Indienne*, le Quaker fit sa première apparition sur la scène française et acheva, dit Laharpe, de donner "une teinte d'originalité à la pièce." Ici encore l'auteur avait voulu exploiter un thème à la mode, car les Quakers, et en particulier les Quakers de Pensylvanie, étaient loin d'être inconnus en France. Voltaire et Montesquieu, sans parler de l'abbé Prévost, de Madame du Bocage, du graveur Bernard, de l'abbé Leblanc et d'une douzaine d'auteurs secondaires, avaient attiré l'attention sur les vertus républicaines, le désir d'égalité, la morale naturelle, le simple costume et

Penn achette des Sauvages le pays qu'il veut occuper

Raynal, *Histoire philosophique*, Genève, 1781, vol. IX.

le tutoiement des *Kouacres* ou *Trembleurs*. Ici, il suffira de renvoyer à l'étude détaillée et richement documentée, présentée il y a une douzaine d'années par Miss Edith Philips, dans son livre sur *The good Quaker in French Legend*, Philadelphia, 1932. Mowbrai est d'ailleurs un Quaker assez peu orthodoxe: s'il refuse de soulever son chapeau pour saluer et s'il méprise les formes mondaines de la politesse, il prononce des serments et prend en vain le nom du Seigneur et ce langage aurait fait frémir d'horreur et d'indignation un véritable Quaker. Par contre, Chamfort n'a pas commis la faute d'en faire un philosophe dédaignant les richesses et ennemi du commerce. Comme les meilleurs Quakers de Philadelphie, Mowbrai est un excellent commerçant et il reconnaît la force de l'argent dans cette société dont il condamne la légèreté. Chamfort lui prête même une certaine bonhomie malicieuse, j'allais dire de l'humour, en particulier dans la scène finale où, après avoir proclamé en bon philosophe que les vertus de la future constituent une dot suffisante, il ajoute négligemment:

Ajoute si tu veux cinquante mille écus.

Nous savons par les contemporains que le rôle de Mowbrai fut un des éléments essentiels du succès de la pièce. Dans son numéro du 7 mai, l'*Avant Coureur* le discuta longuement, tout en reprochant à Chamfort d'avoir imité le Fréport de l'*Ecossaise*, reproche dont le *Mercure*, dans son numéro de juin, chercha à justifier le jeune auteur. C'est très probablement aussi à ce républicanisme philosophique qu'est dû l'intérêt continu témoigné à *La Jeune Indienne* au dix-huitième siècle. On compte en effet trente représentations de 1771 à 1780, cinquante-quatre de 1781 à 1790 et douze de 1791 à 1793.

Par contre, les critiques se montrèrent peu tendres pour la pauvre Betti. Grimm avait trouvé le rôle de cette petite sauvage de quinze ans faux et insipide. Il avait d'ailleurs été ridiculement joué, disait-il, par une "actrice monotone de voix et insupportable de geste" qui avait jugé bon de prendre pour enseigne à sa sauvagerie "une peau de taffetas tigrée." Il faut attendre Laharpe pour trouver une discussion détaillée du caractère de la jeune Indienne:

> Il faut pour compléter l'article des pièces en un acte qui méritent qu'on en fasse mention, dire un mot de la *Jeune Indienne*, joli petit drame qui, quoique sans intrigue, n'est pas sans intérêt. L'auteur l'a tiré tout entier du rôle de cette jeune Sauvage dont la naïveté contraste agréablement avec les institutions sociales dont elle ne saurait avoir l'idée. Ce contraste, il est vrai, n'avait rien de neuf au théâtre; mais le canevas satirique qu'il présente est toujours piquant par lui-même, et bien plus encore quand la censure de ce que nous sommes est dans la bouche d'un personnage hors de nos mœurs, qui, ne voyant que ce qu'elles ont de factice, ne saurait deviner ce qu'elles ont de raisonnable dans les rapports de la société civilisée; de là naît l'intérêt des détails; mais quelque heureux qu'ils soient dans le rôle de Betti, cet intérêt ne suffirait pas sans celui de sa situation qui est touchante dès qu'on la voit menacée de perdre l'amant dont elle a été la libératrice, et qu'elle croit avec raison lui appartenir. A la vérité ce danger ne dure qu'un moment, et ne tient qu'à une espèce d'indécision faible et instantanée de l'Anglais Belton; mais c'en est assez pour donner à Betti le temps de faire entendre la plainte de l'amour dans le langage d'une habitante des bois dont l'auteur a très-bien saisi la vérité pénétrante et la douce simplicité. (*Cours de littérature. Dix-huitième siècle. Poésie.* Paris, 1816. vol. x, pp. 339-360.)

Sainte-Beuve a été assez indulgent pour "cette petite Betty, un joli échantillon de sauvage, une Atala et une Céluta en miniature, qui ne savait pas écrire et qui s'étonnant de tout ce qu'elle voyait, savait pourtant parler en vers, comprendre les métaphores de *flamme* et d'*hyménée,* et vante à tout propos la nature comme si elle n'en était pas." (*Causeries du lundi,* vol. IV, p. 542.)

Ce rapprochement avec les héroïnes de Chateaubriand suffirait à lui seul à assurer une place dans l'histoire littéraire à la pauvre Betti, à la fois sœur aînée de l'Ingénu de Voltaire, de l'amante de Chactas et de l'épouse indienne de l'Européen René. Par certains côtés de son rôle, elle appartient comme l'avaient senti les contemporains à la tradition des "philosophes sauvages" qui était déjà longue au moment où Chamfort écrivit sa pièce. Et ici encore il ne serait que trop facile d'accumuler les rapprochements, depuis les Cannibales de Montaigne jusqu'à l'*Arlequin sauvage* de l'Isle de la Drevetière, en passant par Lahontan et vingt autres ouvrages du dix-huitième siècle. Il serait également oiseux de retracer la descendance philosophique de la jeune sauvagesse, "ingénue" féminine, symbole de la simple nature soudainement heurtée et meurtrie par la civilisation. Mais là n'est point l'originalité du caractère esquissé par Chamfort. Dans *La Jeune Indienne* l'auteur a entrevu et indiqué, sinon traité à fond, la situation qui devait devenir après lui le thème central de l'exotisme sentimental et l'un des thèmes principaux de la littérature coloniale. Ce n'est que dans les contes de fées que l'on voit des rois épouser des bergères, même si l'on a vu de nos jours un roi renoncer à sa couronne pour épouser "a commoner." Philosophiquement parlant, une telle éventualité ne semblait pas impossible aux gens du dix-huitième siècle, et l'on verra plus tard, dans les romans de George Sand, de grandes dames s'éprendre de simples ouvriers, avant qu'on ne voit avec H. D. Lawrence une "lady" anglaise se donner à son garde-chasse. Dans la réalité, il en était tout autrement et l'on trouvera à cet égard une curieuse discussion dans le commentaire qui accompagne l'histoire de *Sara Th... Nouvelle traduite de l'anglois,* dans la *Gazette littéraire de l'Europe* du 15 juillet 1765. Qu'une jeune fille s'amourache de son laquais, que pour l'épouser elle renonce à son rang, à sa fortune et devienne par amour une véritable fermière, astreinte à tous les travaux des champs, c'est là, semblait-il, une situation qui peut exister en Angleterre, "où l'on s'informe du mérite d'un homme avant de demander son nom." Mais on peut affirmer qu'en France, l'exemple de Sara ne sera pas contagieux: "Ni la philosophie de Sara, ni la vertu de son époux, ni le sacrifice qu'elle fait de sa fortune aux bienséances et aux usages ne pourront justifier aux yeux de certains lecteurs une si étrange résolution." Et le commentateur de conclure sagement: "cédons à nos cœurs en respectant les préjugés."

C'est sans doute à cause de ces considérations toutes "bourgeoises" que les idylles exotiques se terminent si souvent par le départ et l'abandon, dans la vie comme dans la littérature. C'est ainsi que l'avocat Lebeau dans ses *Avantures ou Voyage nouveau*, publié à Amsterdam, 1737, avait raconté trente ans auparavant comment après avoir épousé "à la sauvage" l'Indienne qui lui avait sauvé la vie, il avait rapidement senti qu'il lui était impossible de ramener à Paris ou même à Québec "cette pauvre malheureuse." C'est la conscience de cette impossibilité, de la durée passagère de ces amours exotiques qui imprègne de mélancolie les récits de Loti. Je n'oserai dire que Chamfort a traité pleinement ce thème qui nous est devenu familier. Il n'a fait que l'entrevoir; il l'a adouci et esquivé en donnant à sa pièce un dénouement heureux, le seul qui, malgré tout ce qu'il a d'artificiel, pouvait satisfaire les spectateurs. Il n'en reste pas moins, que dans la scène VIII, il a fait entendre par la voix de la tendre Betti la protestation indignée des amantes trop naïves et trop confiantes abandonnées par leurs lâches séducteurs, et que cette comédie, qui veut être exotique, se trouve ainsi devenir une comédie bourgeoise.

Comédie bourgeoise, *La Jeune Indienne* l'est encore davantage par le caractère de Belton qui sert de repoussoir au personnage de Betti, et pour qui tout le problème se résume en une question d'argent.

Il serait dangereux de vouloir trop raffiner; il n'est cependant pas inutile de rappeler que le jeune auteur, qui avait pris le nom d'apparence aristocratique de M. de Chamfort, était un fils naturel, léger de bourse, dévoré d'ambition et doué d'une sensibilité d'écorché. Il était, nous dit son biographe Ginguené, "au courant de sa condition." S'en est-il souvenu quand il a montré Belton hésitant, esclave des conventions sociales, pensant à abandonner Betti pour faire un riche mariage, peu disposé à sacrifier une vie de confort et de luxe à son amour? Belton n'a point besoin qu'on le rappelle à la sagesse et à la tradition de sa classe; il n'est que trop persuadé que l'on ne vit pas d'amour et d'eau claire:

C'est peu de contenter les besoins de la vie . . .
Une prévention, parmi nous établie,
Fait ici, par malheur, une nécessité
Des choses d'agrément et de commodité.

Le tableau qu'il trace à Betti de l'existence qui les attend ne laisse aucune place aux illusions du cœur:

Il faudra dévorer, mendier les dédains;
Rebutés, condamnés à l'affront d'être plaints,
Tout aigrira nos maux, jusqu'à notre tendresse;
Nous haïrons l'amour, nous craindrons la vieillesse;
En d'autres malheureux reproduits, chaque jour,
Nos mains repousseront le fruit de notre amour.

Voilà qui n'est pas du tout "romantique" et nous voici bien loin de la bergerie sentimentale. Ce que Belton craint avant tout, comme Chamfort le faisait lui-même, c'est non pas tant la pauvreté elle-même et les dures besognes de la vie quotidienne, mais le mépris qui, dans une société fondée sur l'argent, s'attache à la pauvreté ou même à la médiocrité:

> Le mépris, ce tyran de la société,
> Cet horrible fléau, ce poids insupportable
> Dont l'homme accable l'homme et charge son semblable.

Comment ne pas croire qu'en faisant parler Belton il se peignait lui-même, quand on se souvient qu'il a écrit ces lignes terribles:

> Dans la lutte éternelle que la société amène entre le pauvre et le riche, le noble et le plébéien, l'homme accrédité et l'homme inconnu, il y a deux observations à faire. La première est que leurs actions, leurs discours, sont évalués à des mesures différentes, l'une d'une livre, l'autre de dix ou de cent, disproportion convenue, et dont on part comme d'une chose arrêtée; et cela même est horrible. Cette acception de personnes, autorisée par la loi et par l'usage, est un des vices de la société qui suffirait seul pour expliquer tous ses vices. (*Œuvres*, vol. 1, p. 442.)

Malgré ce cri de révolte, ni Chamfort ni son héros n'ont assez de ressort et de force pour que l'on puisse trouver en Belton une ébauche même faible du caractère de Figaro et encore moins de Rastignac ou de Julien Sorel. Belton est un velléitaire; il se rattache à cette longue lignée de héros de romans qui va du des Grieux de l'abbé Prévost au Robert Greslou de Bourget. Il est prêt à accepter toutes les compromissions pour se pousser dans une société qu'il condamne ou simplement comme il le dit avec un cynisme inconscient, "ces choses d'agrément ou de commodité" qui lui sont devenues "une nécessité." A la fois faible et orgueilleux, il reflète exactement le caractère de l'auteur, qui ne pouvait se passer des services que lui rendaient ses amis et ses protecteurs et, en même temps, se posait cette *Question*: "Si, dans une société, un homme doit ou peut laisser prendre sur lui ces droits qui souvent humilient l'amour-propre?" (*Œuvres*, vol. I, p. 317.) A ce double titre, cette pièce que Grimm qualifiait d'ouvrage d'enfant prend la valeur d'un document humain singulièrement révélateur.

L'AMÉRIQUE DE CHAMFORT

La *Jeune Indienne* ne faisait pas que marquer la première apparition d'un Quaker sur la scène française, elle était en même temps la première pièce de théâtre dont la scène fût située dans une "Colonie angloise de l'Amérique Septentrionale." Ici encore nous devons limiter nos observations à l'essentiel. La première et non la moins curieuse est qu'un jeune auteur qui jouait le tout pour le tout et dont la carrière dans le monde des lettres dépendait de son début ait pu choisir comme héros de sa pièce, en 1764, ces colons anglais qui avaient soutenu contre la France une lutte de plus d'un siècle, lutte qui venait de se terminer par la perte totale des colonies d'Amérique l'année précédente. Dès cette date cependant une nouvelle forme du mirage américain avait déjà effacé tout ressentiment et tout souvenir des accusations d'atrocité qui avaient été à maintes reprises lancées par les colons du Canada contre les colons anglais. Dès cette date, et surtout grâce à la vogue dont jouissaient les Quakers de Pensylvanie, l'Amérique apparaissait comme une terre d'asile, comme le dernier refuge de la liberté et de la philosophie sur la terre. Les Protestants de la Caroline chez qui les réfugiés huguenots s'étaient établis après la révocation de l'Edit de Nantes et encore plus les fondateurs de Philadelphie, la cité de l'amour fraternel, étaient devenus, au cours du dix-huitième siècle, les héritiers de toutes les vertus que les voyageurs avaient cru pouvoir attribuer à ces hommes de la nature et à ces "philosophes nuds" qu'étaient les Indiens.

Il semble peu probable que Chamfort ait pris soin de s'informer exactement sur l'état de la Caroline, et je ne saurais dire en tout cas à quelle source il avait puisé. La couleur locale n'existant, pas la question n'a qu'une minime importance. Il donne à la jeune Indienne le prénom anglais de Betty; Belton et Mylford (Milford) sont également des noms anglais; quant au nom du quaker, Mowbrai, il a pu être suggéré par le personnage de Mowbrai, duc de Norfolk, du drame de Shakespeare, *Richard II*. En dehors de l'indication que la scène se passe à Charlestown, aucun détail pittoresque ne situe la scène dans un endroit déterminé. Par contre, les contemporains auraient déjà pu faire à propos de la pièce de Chamfort une remarque analogue à celle que faisait un an plus tard le commentateur de la *Gazette littéraire de l'Europe* à propos de *Sarah Th.*: une philosophie comme celle du Quaker ne pouvait être proclamée et acceptée que dans un pays "ou l'on s'informe du mérite d'un homme avant de demander son nom." Si la couleur locale reste imprécise, la couleur philosophique, grâce au caractère de Mowbrai est déjà nettement américaine. Il était naturel que le jeune auteur qui, dès cette date souffrait cruellement des distinctions sociales, et se révoltait contre elles en secret, ait été attiré par le pays où la liberté semblait une production du sol autant que le résultat des institutions humaines.

Son admiration pour l'Amérique ne devait pas se démentir au cours de sa carrière. Il voyait dans "L'Amérique septentrionale l'endroit de l'univers où les droits de l'homme sont le mieux connus." Il s'est plu à proclamer que "Les Américains sont les dignes descendants de ces fameux républicains qui se sont expatriés pour fuir la tyrannie." (*Œuvres,* vol. I, p. 445.) Dans ses notes, il a recueilli l'anecdote qui illustre le mieux peut-être cette nouvelle conception d'un patriotisme, ayant pour fondement la liberté, qui se manifestait de façon si éclatante dans le nouveau monde:

Pendant la guerre d'Amérique, un Ecossais disait à un Français, en lui montrant quelques prisonniers américains: "Vous vous êtes battu pour votre maître; moi pour le mien; mais ces gens-ci, pour qui se battent-ils?" Ce trait vaut bien celui du roi de Pégu, qui pensa mourir de rire en apprenant que les Vénitiens n'avaient pas de roi. (*Œuvres*, vol. II, p. 86.)

Dans l'introduction de ses *Tableaux de la Révolution* il a rendu hommage à la Révolution américaine en proclamant que la signature du Traité d'alliance avec les États-Unis et la reconnaissance par Louis XVI, en 1778, d'un gouvernement ayant pour principe la liberté constituait une promulgation anticipée de la déclaration des droits de l'homme.

Nous n'avons pu déterminer de façon précise quelle fut son attitude à l'annonce de la Révolution américaine. Par contre, quand, plus tard, il fut accusé de pactiser avec les aristocrates, il revendiqua hautement la part qu'il avait prise à la rédaction des *Considérations sur l'ordre de Cincinnatus*, virulente attaque contre la noblesse héréditaire, composée à l'instigation de Benjamin Franklin, et publiée à Londres, en 1784, sous la signature de Mirabeau. Franklin lui-même a confirmé dans son journal qu'il avait discuté avec MM. Mirabeau et Chamfort, la traduction du pamphlet d'Ædanus Burke de la Caroline du Sud contre l'ordre des Cincinnati, et la correspondance de Chamfort et de Mirabeau permet même de croire que la majeure partie de l'ouvrage avait été écrite par Chamfort. (*Œuvres*, vol. V, pp. 325, 371, 384, et Carl Van Doren, *Benjamin Franklin*, New York, 1943, p. 704.)

Comme beaucoup d'autres libéraux français et même anglais, les auteurs des *Considérations sur l'ordre de Cincinnatus* suivaient avec une anxiété passionnée le développement de l'expérience américaine, car de son issue dépendait le sort de la liberté pour tout le genre humain. Aussi ont-ils analysé avec le plus grand détail les constitutions des différents états américains s'efforçant de démontrer qu'elles n'étaient pas seulement inspirées par l'amour de la liberté, mais que, "Les Délégués, les Représentans, les Législateurs des peuples d'Amérique ont pris pour base de leur insurrection, de leurs travaux, de leurs prétentions, de leur code, l'égalité."

C'est probablement après avoir lu les *Notes sur la Virginie* de Jefferson, publiées en français en 1786, que Chamfort compara avec une admiration mélangée d'amertume la situation des libres citoyens de Virginie à celle des paysans de sa province natale:

> Un citoyen de Virginie, possesseur de cinquante acres de terres fertiles, paie quarante-deux sous de notre monnoie pour jouir en paix, sous des lois justes et douces, de la protection du gouvernement, de la sûreté de sa personne et de sa propriété, de la liberté civile et religieuse, du droit de voter aux élections, d'être membre du congrès, et par conséquent législateur, etc. Tel paysan français, de l'Auvergne ou du Limousin, est écrasé de tailles, de vingtièmes, de corvées de toute espèce, pour être insulté par le caprice d'un subdélégué, emprisonné arbitrairement, etc. et transmettre à une famille dépouillée cet héritage d'infortune et d'avilissement. (*Œuvres*, vol. 1, p. 441.)

C'est à Crèvecœur autant qu'à Jefferson que Chamfort doit cette image d'une Amérique caractérisée par "le goût de la simplicité, de l'égalité, de la vie domestique, de la vie rurale, du travail"; mais Franklin après Washington reste son grand homme, car plus que Washington, il représente la classe de ceux que l'on appelle "les gens du peuple, pauvres, dénués jusqu'à coucher à la belle étoile."

Les événements et l'expérience de la Révolution américaine n'avaient donc fait que renforcer et préciser pour Chamfort l'image du paradis philosophique qu'il s'était formée dès 1764. Pour lui, comme pour Montesquieu, les colons anglais étaient de nouveaux Lycurgues qui avaient réussi à établir, sur des bases entièrement nouvelles, une république fraternelle fondée sur l'égalité et la liberté. Il ne semble pas avoir pris part à la controverse sur les Quakers qui sévit en France à la suite de la publication, en 1786, des *Voyages* de Chastellux et de l'*Examen critique des Voyages de M. de Chastellux* dans lequel Brissot, l'année suivante, présenta une défense véhémente de la secte que le Marquis avait accusée de manquer de patriotisme. Il avait cependant conservé pour les Quakers son ancienne tendresse et il leur devait bien quelque reconnaissance, car cette querelle ne fut pas sans doute étrangère à la reprise et au succès continu de *La Jeune Indienne* qui, de 1781 à 1791, ne fut pas jouée moins de cinquante-quatre fois. C'est en 1791 seulement, à propos des *Nouveaux Voyages dans l'Amérique Septentrionale* de Brissot qui avaient paru la même année, qu'il chercha à justifier contre leurs détracteurs "ces hommes à qui l'amour de l'humanité a fait traverser les mers, former et accomplir les entreprises les plus périlleuses, et renouveler, par le zèle pur d'une bienfaisance universelle, ce que l'esprit de prosélytisme a fait faire à plusieurs chrétiens de la communion romaine." (*Œuvres*, vol. III, p. 334.) Dans l'intervalle, sa conception du rôle joué par les Quakers s'était considérablement élargie. Il ne voyait plus simplement en eux des philosophes mettant en pratique les principes de la morale naturelle et cherchant à choquer les usages reçus par des singularités de costume et de langage. Ils lui apparaissaient comme des prophètes "d'un temps où les nations ne lèveront plus le glaive contre les nations," comme les apôtres d'un nouveau système politique ayant pour objet "le bien de la société générale," et des martyrs "qui se sont laissés tourmenter, voler, emprisonner, plutôt que de déroger à leur principe."

LA FORTUNE DE
"LA JEUNE INDIENNE"

Ici encore, on pourrait se contenter de renvoyer au travail de M. Lawrence Marsden Price. Il a noté en particulier le succès extraordinaire que connut la pièce en Allemagne. Elle fut donnée à Berlin dès 1766 et à Leipzig en 1767, puis jouée à travers toute l'Allemagne par différentes troupes de 1769 à 1776. On en connaît six adaptations et traductions en allemand et la pièce resta au répertoire jusqu'à la fin du siècle. Elle fut également donnée en Hollande, en Italie, en Russie et en Espagne. Elle fut traduite en danois, en italien, en espagnol et en hollandais. En Angleterre, elle fut mise en pantomime. A la longue liste donnée par M. Price, j'ajouterai quelques détails. Comme *Atala* devait le faire plus tard, la *Jeune Indienne* retourna sinon "aux déserts," du moins en Amérique. Elle fut jouée en français le 21 janvier 1790 et les 15 mai, 15 juin, 15 octobre et 10 novembre 1794, à Charleston, par des comédiens français réfugiés, et annoncée sous le titre de "The Indian in Charleston or the Savagesse." (Lewis P. Waldo: *The French Drama in America*. Baltimore, 1942, pp. 187 et 198.)

La seule légère critique que je me permettrai à l'égard de M. Price est de n'avoir pas toujours suffisamment distingué entre le thème primitif de Inkle et Yarico et la "branche" issue de la pièce française. Il n'est que juste de reconnaître que les deux thèmes sont inextricablement liés. Il n'est pas sans importance cependant d'indiquer que l'opéra d'*Inkle et Yarico* de George Colman le jeune, donné à Covent Garden en 1787, contient un détail qui rappelle la pièce de Chamfort, car, à son retour de la Barbade, Inkle se voit rappeler la promesse qu'il avait faite d'épouser la fille du gouverneur et doit choisir entre une vie d'aise et de confort et une existence misérable avec Yarico. Par contre, M. Price a noté que, quand l'année suivante Friedrich Schröder adapta à la scène allemande la pièce de Colman, il y inséra un passage emprunté directement à la *Jeune Indienne*, celui précisément où Betti et Belton discutent la question d'argent, et l'on peut également retrouver des souvenirs de la comédie de Chamfort dans la pièce de Kotzebue *Die Indianer in England* (1789).

On pourra faire une remarque analogue à propos du projet qu'avait formé le jeune Gœthe d'écrire une pièce sur Inkle et Yarico, projet qui ne fut jamais mis à exécution. M. Price indique que c'est au moment où Johann Wolfgang Gœthe était étudiant en droit à Leipzig, qu'à l'âge de 17 ans il devint amoureux de la petite Katchen Schoenkopf, fille d'un brave homme qui tenait une pension de famille. "La petite Schoenkopf, écrivait le jeune étudiant en 1766, mérite de ne pas être oubliée entre mes connoissances vivantes. C'est une très bonne fille, qui à sa droiture de cœur joint une naïveté agréable, quoique son éducation ait été plus sévère que bonne. Elle est mon œconome, quand il s'agit de mon linge, de mes hardes, car elle entend très bien cela, et elle sent du plaisir de m'aider de son savoir, et je l'aime bien pour cela." Il ne pouvait cependant songer à l'épouser, reconnaissant, dit M. Price, que, si elle se donnait à lui, leur roman d'amour ne pouvait se terminer que par l'abandon. On voit en tout cas que cette situation rappelle bien plus le problème sentimentalo-social traité par Chamfort que l'histoire racontée par Steele.

La même remarque s'appliquerait au développement du thème d'Inkle et Yarico en France après 1766. Il se peut que la version donnée par Raynal en 1770, dans son *Histoire philosophique et politique des établissemens et du commerce des Européens dans les deux Indes*, ait pour source principale la relation de Richard Ligon. Raynal ne la reprend d'ailleurs que pour expliquer un soulèvement des esclaves à la Barbade et pour s'élever une fois de plus contre l'exploitation des indigènes par les colons européens. Par contre, la pièce de Chamfort me paraît bien n'être pas restée inconnue à l'auteur de l'œuvre curieuse qui parut sous le titre de *La Tribu indienne, ou Edouard et Stellina*, par le citoyen L.B., qui parut à Paris en l'an VII (1799), et qui était due à la plume de Lucien Bonaparte. Lucien semble avoir combiné la version de Dorat, celle de Raynal, dont il reproduit les déclamations contre les prêtres et les colons, avec des souvenirs plus ou moins précis de *La Jeune Indienne*. Le père du héros est un exemple typique de sagesse "bourgeoise" comme le montrent les conseils qu'il adresse à son fils : "Souvenez-vous que l'économie est la source des richesses; vivez sobrement, amassez sans relâche, n'ayez point d'autre occupation. Défiez-vous surtout des femmes et des plaisirs." Il n'est peut-être pas sans intérêt de rappeler que ce riche marchand de Plymouth porte le nom de Milford, qui est précisément celui de l'ami raisonnable et fort peu sentimental de Belton dans la pièce de Chamfort.

Avec le dix-neuvième siècle, la pièce de Chamfort disparaît du répertoire et tombe dans un oubli apparent, bien que La Harpe, puis Sainte-Beuve, lui aient reconnu quelque mérite. L'anthologie des *Plus belles pages de Chamfort*, publiée par le Mercure de France lui préfère le *Marchand de Smyrne* et nous avons vu que l'historien du drame au dix-huitième siècle, M. Gaiffe, n'y a guère trouvé que "un cadre commode où viennent se succéder, comme des couplets de revue, les sermons laïques que l'auteur adresse au parterre." Ne serait-ce qu'à ce titre, *La Jeune Indienne* mériterait de retenir l'attention des historiens littéraires et notre petite comédie aurait au moins sur quantité d'ouvrages analogues une supériorité incontestable, celle de la briéveté. Elle a, croyons-nous, d'autres titres à être tirée de l'oubli, et le succès incontestable qu'elle obtint auprès des contemporains, en France et à l'étranger témoigne au moins de son importance historique.

Sans vouloir retrouver une influence dans ce qui peut n'être qu'une longue suite de coïncidences, il importe au moins de rappeler que Chamfort a le premier mis à la scène le caractère du Quaker et que Mowbrai est un ancêtre authentique du Quaker de Vigny. Quant à Betti, elle appartient à la longue lignée des filles séduites et abandonnées. Elle se rattache à une tradition qui remonte à l'antiquité. Elle se rattache aussi à la tradition du classicisme français. A certains égards, *La Jeune Indienne* est la transposition dans un plan contemporain, exotique et bourgeois à la fois, de la *Bérénice* de Racine. Cette couleur racinienne de la pièce apparaît dans le style encore plus que dans les situations. Très justement, Gaiffe a fait remarquer que la comédie sentimentale du dix-huitième siècle continue à employer le vocabulaire de la tragédie et c'était là peut-être un des motifs de l'intérêt que témoigna Voltaire au jeune auteur. C'est par un écho racinien que débute la pièce :

> A Charlestown, enfin, vous voilà revenu ;
> L'ami que je pleurois à mes vœux est rendu.

C'est par un récit dans la tradition de la tragédie que Belton met Mylford au courant de ses aventures passées. L'explosion de douleur indignée de Betti à la scène VIII est dans la même tradition et, dans quelques vers, Chamfort a même réussi à rappeler l'harmonie des vers du poète classique :

> Que ne me laissais-tu dans le fond des forêts ...

La couleur locale, vraie ou supposée, y a certainement perdu ; mais nous ne saurions faire un reproche à Chamfort de n'avoir pas prêté à la malheureuse Betti la langue imagée que parlera dans *Atala* la fille de Simaghan. Malgré cette absence de colliers de "graines d'azalées" et de verroteries, il s'est trouvé cependant, comme l'a fait remarquer M. Price, que Chamfort a donné à l'horrible anecdote racontée par Steele une couleur et une valeur psychologiques qui ne se trouvaien ni chez les auteurs anglais ni chez les auteurs allemands qui l'avaient précédé. Il ne s'agit plus chez lui d'un simple fait divers, ni de l'égoïsme brutal d'un individu isolé: c'est la vie même, ce sont les conventions et presque les obligations sociales qui séparent les deux amants transformés en Tite et Bérénice du Nouveau Monde. Ici apparaît dans un cadre d'une discrétion classique le problème sentimental qui trouble les idylles coloniales et dont sont victimes tant de "petites épouses" dans les romans modernes.

GILBERT CHINARD

Princeton University
  Juillet 1944

LA JEUNE INDIENNE,

COMÉDIE

EN UN ACTE ET EN VERS,

Représentée pour la premiere fois par les Comédiens François Ordinaires du Roi, le 30 Avril 1764.

Par M. DE CHAMFORT.

Le Prix est de vingt-quatre sols.

A PARIS,

Chez CAILLEAU, Libraire, rue Saint Jacques, à Saint André.

M. DCC. LXIV.
AVEC APPROBATION ET PRIVILEGE DU ROI.

PERSONNAGES

BETTI.   Mlle. Doligni.

BELTON.   M. Molé.

MOWBRAI.   M. Préville.

MYLFORD.   M. Dubois.

UN NOTAIRE.   M. D'Auberval.

JOHN, Laquais.

La Scène est à Charlestown, Colonie Angloise de L'Amérique Septentrionale.

LA JEUNE INDIENNE

COMÉDIE

SCÈNE PREMIÈRE
BELTON, MYLFORD.

MYLFORD.

A Charlestown enfin vous voilà revenu :
L'ami que je pleurois à mes vœux est rendu.
Je vous vois : vous calmez ma juste impatience.
Mais de ce morne accueil que faut-il que je pense ?
J'arrive : au moment même, en entrant dans le Port
J'apprens votre retour ; j'accours avec transport.
Je m'attens au bonheur de répandre ma joie
Dans le sein d'un ami que le Ciel me renvoie ;
Je vous trouve abbatu, pénétré de douleur.
Daignez me rassurer ; ouvrez-moi votre cœur.
Tout semble vous promettre un destin plus tranquille.
De ces lieux à Boston le trajet est facile :
D'un pere avant trois jours vous comblerez les vœux. . . .

BELTON.

Ah ! j'ai fait son malheur ! Comment puis-je être heureux ?
La jeunesse d'un fils est le vrai bien d'un pere.
Je regrette mes jours perdus dans la misere.
Ces jours si prodigués, dont un plus sage emploi
Pouvoit me rendre utile à ma famille, à moi.

Dès long-tems, cher Mylford, une fougueuse yvresse,
L'ardeur de voyager domina ma jeunesse.
J'abandonnai mon pere & le Ciel m'en punit.
Dans un orage affreux notre vaisseau périt.
Je fus porté mourant vers une Isle sauvage:
Un Vieillard & sa fille accourent au rivage.
J'allois périr, hélas! sans eux, sans leur secours!
Quels soins, quels tendres soins ils prirent de mes jours!
Leur chasse me nourrit; leur force, leur adresse,
Pourvut à mes besoins & soutint ma foiblesse.
Voilà donc les mortels parmi-nous avilis!
J'avois passé quatre ans dans ce triste pays,
Quand ce Vieillard mourut. L'ennui, l'inquiétude,
Mon Pere, mon état, ma longue solitude,
Cet espoir si flatteur d'être utile à mon tour
A celle dont les soins m'avoient sauvé le jour,
Tout me rendit alors ma retraite importune:
J'engageai ma compagne à tenter la fortune.
Vous sçavez tout. Après mille périls divers,
Nous fûmes à la fin, rencontrés sur les mers,
Par un de vos vaisseaux qui nous sauva la vie.
Mais quels chagrins encore il faudra que j'essuye!
Il faudra retourner vers un pere indigné
Contre un fils criminel & plus infortuné.
Soutiendrai-je ses yeux en cet état funeste?
Irai-je de sa vie empoisonner le reste?
Prodigue de ses biens & même de ses jours,
Puis-je encor justement prétendre à ses secours?

MYLFORD.

L'Amour & l'Amitié vont d'une ardeur commune,
D'un amant, d'un ami réparer la fortune.

BELTON.

L'amour! . . . .

MYLFORD.

Oubliez-vous qu'Arabelle autrefois
Fut promise à vos vœux? . . . Eh! vous l'aimiez, je crois!

BELTON.

Personne sans l'aimer ne peut voir Arabelle:
Mais quand Mowbrai formoit cette union si belle
Quand cet aimable objet à mes vœux fut promis,
De l'amour, je le sens, il n'étoit pas le prix.
Votre oncle affermissoit une amitié sincere
Qui joignoit ses destins aux destins de mon pere;
Mais croyez-vous encor qu'il voulût aujourd'hui,
Après cinq ans passés. . . . . .

MYLFORD.

Quoi! vous doutez de lui?
Vous ignorez pour vous jusqu'où va sa tendresse:
Vos malheurs vont hâter l'effet de sa promesse.
Les charmes d'Arabelle augmentent chaque jour;
Je lirai dans son cœur: il sera sans détour.
Pour vous, voyez mon oncle. Il est d'un caractere
Excellent, sans façon, d'une vertu sévere.
La Secte dont il est, tranche les complimens;
Les Quakres, comme on sçait, ne sont pas fort galans.

BELTON.

Eh! Depuis si long-tems vous croyez qu'Arabelle. . . .

MYLFORD.

Répondez-moi de vous; je répons presque d'elle.

BELTON.

Revenez au plutôt; un cœur comme le mien
Doit, vous n'en doutez pas, goûter votre entretien.
Votre oncle m'est fort cher; je l'aime : mais son âge
M'impose du respect & m'interdit l'usage
De ces épanchemens à l'amitié si doux;
Mon cœur en a besoin & les garde pour vous.

SCÈNE II

BELTON.

Je revois ce séjour! je vis parmi des hommes!
Quel sort vais-je éprouver dans les lieux où nous sommes?
Cet Hymen d'Arabelle autrefois projetté,
Devient, dans ma disgrace, une nécessité.
Généreuse Betti, tes soins & ton courage
Sauvent mes tristes jours, m'arrachent au naufrage.
Je saisis le bonheur au fond de tes déserts,
Et je trouve une Amante au bout de l'Univers!
Pourquoi donc te ravir à ce Climat sauvage?
Etois-je malheureux? Ton cœur fut mon partage.
O Ciel! je possédois, dans ma félicité,
Ce cœur tendre & sublime avec simplicité.
Heureux & satisfaits du bonheur l'un de l'autre,
Dans un affreux séjour quel destin fut le nôtre!
Le Mépris n'y suit point la triste Pauvreté.
Le mépris! ce Tyran de la société,
Cet horrible fléau, ce poids insupportable
Dont l'homme accable l'homme & charge son semblable.
Oui, Betti, je le sens, j'aurois bravé pour toi
Les maux que ton amour a supporté pour moi.
Mais je ne puis dompter l'horreur inconcevable...
Ma foiblesse à Betti semblera pardonnable,
Quand elle connoîtra nos usages, nos mœurs,
Mon déplorable état & nos communs malheurs.

SCÈNE III

MOWBRAI, BELTON.

BELTON *lui fait une profonde révérence.*

MOWBRAI.

Laisse-là tes saluts, mon cher. Couvre ta tête.
Pour être un peu plus franc sois un peu moins honnête.
Je te l'ai déjà dit & le dis de nouveau.
Aimes-moi; tu le dois: mais laisse ton chapeau.
Mon ami, tes erreurs & ta folle jeunesse,
De ton malheureux pere ont hâté la vieillesse.
Ce pere fut pour moi le meilleur des amis.
Je te retrouve enfin: je lui rendrai son fils.

BELTON.

Mais, Monsieur . . . . .

MOWBRAI.

Heum, Monsieur! c'est Mowbrai qu'on me nomme.

BELTON.

Pensez-vous? . . .

MOWBRAI.

Penses-tu; je ne suis qu'un seul homme,
Et non deux. Souviens-t'en & parle au singulier.

BELTON.

Tu le veux: eh bien, soit. Je vais vous . . . . tutoyer.
Mon pere est indulgent; mais ma trop longue absence
A peut-être depuis lassé sa patience.

QUAQUER D'AMSTERDAM.

Histoire générale des cérémonies religieuses, 1741, vol. IV, p. 204.

Après tous les chagrins que j'ai pu lui donner,
Le penses-tu? peut-il encor me pardonner?

MOWBRAI.

Tu ne sçais ce que c'est que l'âme paternelle.
Dès qu'un enfant revient se ranger sous notre aîle,
On n'examine plus s'il est coupable ou non;
Et l'aveu de l'erreur est l'instant du pardon.
Mais après ce qu'ici je consens à te dire,
Si désormais encore un imprudent délire
T'égaroit, t'éloignoit des routes du Devoir,
Si d'un pareil aveu tu t'osois prévaloir,
Je te mépriserois sans retour: mais je pense
Qu'après cinq ans entiers d'erreurs & d'imprudence,
Le fils infortuné d'un ami généreux
Puisqu'il s'adresse à moi veut être vertueux;
Et pour me mettre en droit d'adoucir ta misere. . . . .

(*Ici Belton frémit*)

Ta misere! . . . . oui; voyez un peu la belle affaire!
Regardez comme il est confus, humilié
Pour ce mot de misere. . . . O ciel! quelle pitié!
De ton Pere envers moi l'amitié peu commune,
Dernierement encore a sauvé ma fortune.
Je perdis deux vaisseaux presqu'au Port sous mes yeux:
On me crût sans ressource. Un créancier fougueux,
Afin de rassurer sa timide avarice,
Veut que je fixe un terme & que j'aille en Justice,
Par un serment coupable autant que solemnel,
Deshonorer pour lui le nom de l'Eternel.
A l'Etre Tout-Puissant faire une telle injure!
J'allois m'exécuter, la faillite étoit sûre,
Quand je reçus soudain ce billet. Lis.

BELTON *prend le billet & lit.*

"Monsieur,

MOWBRAI.

Ah! sans doute.

BELTON *continue.*

"Je viens d'apprendre le malheur
"Qui vous met hors d'état de pouvoir faire face
"A quelqu'arrangement. Je vous demande en grace
"D'accepter de ma part cinquante mille écus,
"Que j'ai fort à propos nouvellement reçus.
"Ignorez s'il vous plaît, l'auteur de ce service.
"Si la fortune un jour vous redevient propice,
"Je les reclamerai. Conservez ce billet:
"Il est votre quittance & je suis satisfait."

MOWBRAI *reprenant le billet.*

Ton Pere de ce trait, me parut seul capable.
C'est en effet à lui que j'en suis redevable. . . .
Ne te voilà-t-il pas interdit, confondu!
Mon fils, ne sois jamais surpris de la vertu.
Te voilà maintenant en état de comprendre,
Quel intérêt sensible à tous deux je dois prendre?
Mais n'attends pas de moi des protestations,
Des élans d'amitié, des exclamations;
Je suis tout uni, moi: sois donc de la famille:
Dès ce jour mon neveu te présente à ma fille.

BELTON.

Votre. . . . ta fille! . . . .

MOWBRAI.

Eh! oui. Tu sembles t'étonner?
A ton aise, s'entend, ne vas pas te gêner.

BELTON.

Dès long-tems en faveur d'une amitié fidèlle,
Ta bouche à mon amour promettoit Arabelle.

J'aspirois à ces nœuds & cet espoir flateur,
Précieux à mon Pere, étoit cher à mon cœur.
Mais je me rends justice & j'ai trop lieu de craindre
Que mes longues erreurs n'aient dû, peut-être, éteindre
Cet espoir dont jadis mon cœur s'étoit flatté.
Je sens que cet hymen entre nous concerté,
Seroit le seul moyen de me rendre à mon pere,
Et de m'offrir à lui digne encor de lui plaire.

MOWBRAI.

Va; mon cœur est encor ce qu'il fut autrefois.
Je chéris ton malheur, il ajoute à tes droits.
Oui, tant de maux soufferts, fruits de ton imprudence,
Doivent t'avoir donné vingt ans d'expérience.
Belton, il faut du sort mettre à profit les coups;
Oublier ses malheurs, c'est le plus grand de tous.
Adieu.... Bon! glisse donc le pied, la révérence;
 (*à part.*)
Il me fait enrager avec son élégance.
Depuis trois jours entiers que nous l'avons ici,
Il ne se forme pas: il est toujours poli!
 (*haut.*)
La franchise, mon cher; voilà la politesse.
Les bois t'en auroient dû donner de cette espece.
 (*Il veut sortir & revient sur ses pas*)
A propos; j'oubliois.... Quelle est donc cet enfant
Que toute ma famille entoure en l'admirant?
En habit de sauvage, en longue chevelure,
Je viens de l'entrevoir. L'aimable Créature!

BELTON.

C'est elle dont les soins & les heureux travaux
Ont protégé mes jours, m'ont conduit sur les eaux.
Elle étoit avec moi lorsque ton Capitaine,

Nous voyant lutter seuls contre une mort certaine,
Cingla soudain vers nous, & nous prit sur son bord.

MOWBRAI.

Ah! ce que tu m'en dis m'intéresse à son sort.
Elle a des droits sacrés sur ta reconnoissance;
Mais je te laisse. Adieu: la voici qui s'avance.

(Il sort.)

BELTON *seul*.

Hélas! puis-je à mon cœur dissimuler jamais
Qu'il n'est qu'un seul moyen de payer ses bienfaits.

SCÈNE IV

BETTI, BELTON.

BETTI.

Ah! je te trouve enfin? L'on m'assiége sans-cesse.
D'où vient qu'autour de moi tout le monde s'empresse?
On me fait à la fois cinq ou six questions;
J'écoute; de mon mieux; à toutes je réponds:
On rit avec excès! Que faut-il que j'en croie,
Belton? Le rire ici marque toujours la joie? . . .

BELTON.
Tu leur as fait plaisir. . . . .

BETTI.
                Oh! bien, si c'est ainsi,
Tant mieux: mais toi, d'où vient ne ris-tu pas aussi?
On te croiroit fâché.

BELTON.
        J'ai bien raison de l'être.

BETTI.
Quelle raison, dis-moi? Ne puis-je la connoître?
Tu parois inquiet. . . . .

BELTON.
        Je le suis . . . Non pour moi.

BETTI.
Pour qui donc, mon ami?

BELTON.
Le dirai-je? Pour toi.
Je crains que dans ces lieux ton sort ne soit à plaindre.

BETTI.
Tu m'aimes, il suffit: que puis-je avoir à craindre?

BELTON.
Non, il ne suffit pas. Il faut, pour être heureux,
Quelque chose de plus . . .

BETTI.
Que faut-il en ces lieux?

BELTON.
La richesse.

BETTI.
A parler tu m'instruisis sans cesse:
Mais tu ne m'as pas dit ce qu'étoit la richesse.

BELTON.
Eh! peut-on se passer. . . . .

BETTI.
Tu parles de l'amour.
On ne s'aime donc pas dans ce triste séjour.

BELTON.
On s'aime: mais souvent l'amour laisse connoître
Des besoins plus pressans. . . . .

BETTI.
Eh! quels peuvent-ils être?

BELTON.
L'amour sans d'autres biens. . . . .

BETTI.

                      L'amour sans la gaieté
Ne peut guéres suffire à la félicité:
Mais dans votre pays, ainsi que dans le nôtre,
Ne peut-on à la fois conserver l'un & l'autre?

BELTON.

Il faut pour bien jouir de l'un & l'autre don,
Etre riche . . .

BETTI.

          Eh! dis-moi: suis-je riche? Belton?

BELTON.

Toi? Non; tu n'as pas d'or.

BETTI.

                Quoi! ce métal stérile
Que j'ai vu! . . .

BELTON.

Justement.

BETTI.

                   Il te fut inutile:
Tu ne t'en servis pas pendant plus de quatre ans.
Mais dans ce pays-ci tu connois bien des gens;
Ils t'en donneront tous s'il t'est si nécessaire:
Ils ne voudront jamais laisser souffrir leur Frere.

BELTON.

Ecoute-moi, Betti: tu n'es plus dans tes bois.
Les Hommes en ces lieux sont soumis à des Loix.
Le besoin les rapproche & les unit ensemble.
Ces Mortels opposés que l'intérêt rassemble
Voudroient ne voir admis, dans la société,
Que ceux dont les travaux en ont bien mérité.

BETTI.

Mais . . . Cela me paroît tout-à-fait raisonnable.

BELTON *à part*.

Chaque instant à mes yeux la rend plus estimable.
    haut.
Betti . . . La pauvreté . . . m'inspire un juste effroi.

BETTI.

La pauvreté! . . . Mais . . . c'est manquer de tout, je croi?

BELTON.

Oui.

BETTI.

    J'en sauvai toujours & toi-même & mon Pere.
Quoi! nous pourrions ici manquer du nécessaire?

BELTON.

Non: mais il ne faut pas y borner tous nos soins.
Nous sommes assiégés de différens besoins.
Ils naissent chaque jour: chaque instant les ramene;
Et lorsque par hasard la Fortune inhumaine
Ne nous a pas donné. . . .

BETTI.

                  Je ne te comprens pas . . .
Manquer d'un vêtement, d'un abri, d'un repas,
Voilà la pauvreté: je n'en connois point d'autre.

BELTON.

Voilà la tienne, hélas! connois quelle est la nôtre!

BETTI.

Une autre pauvreté! vous en avez donc deux?
On doit en ce pays être bien malheureux!

BELTON.

C'est peu de contenter les besoins de la vie:
Une prévention parmi nous établie
Fait ici, par malheur, une nécessité
Des choses d'agrément & de commodité,
Dont tes yeux étonnés ont admire l'usage;
Et d'éternels besoins un funeste assemblage. . . . .

BETTI.

Oh! cette pauvreté . . . c'est votre faute aussi.
Pourquoi donc inventer encore celle-ci?
Chez-nous, grace à nos soins, la Terre inépuisable
Etoit de tous nos biens la source intarissable.
Belton, comment ont fait, & comment font encor
Tous ceux qui parmi vous possédent le plus d'or?

BELTON.

L'un le tient du hasard, & tel autre d'un Pere,
Du crime trop souvent il devient le salaire:
Mais la Vertu parfois a produit. . . . .

BETTI.
      Que dis-tu?
Avec de l'or ici vous payez la Vertu!

BELTON.

Contre le besoin d'or l'infaillible reméde. . . . .

BETTI.

Eh! bien! . . .

BELTON.
   C'est de servir quiconque le posséde;
De lui vendre son cœur, de ramper sous ses Loix.

BETTI.

Oh! Ciel! j'aime bien mieux retourner dans nos bois.
Quoi! quiconque a de l'or, oblige un autre à faire
Ce qu'il juge à propos, tout ce qui peut lui plaire?

BELTON.

Souvent.

BETTI.

En laissez-vous aux malhonnêtes gens?

BELTON.

Plus qu'à d'autres.

BETTI.

De l'or dans les mains des méchans!
Mais vous n'y pensez point & cela n'est pas sage:
N'en pourroient-ils pas faire un dangereux usage?
Vous devez trembler tous, si l'or peut tout oser.
De vous & de vos jours, ils peuvent disposer.
La fléche qui dans l'air cherchoit ta nourriture
Etoit entre mes mains, moins terrible & moins sûre.

BELTON.

Chacun suivant son cœur s'en sert différemment.
Des Vertus ou du Vice il devient l'instrument.
Avec avidité celui-ci le resserre,
L'enfoüit en secret & le rend à la terre...

BETTI.

Ah! fuyons ces gens-là. Tu viens de me parler
D'un pays plus heureux où nous pouvons aller.
Ce pays où les gens veulent qu'on soit utile
A leur société. Si la terre est fertile,
Ils en auront de trop: nous le demanderons:
Et comme elle est à tous, soudain nous l'obtiendrons.

BELTON.

Ils ne donneront rien. Les champs les plus fertiles
Ne suffisent qu'à peine aux Habitans des Villes. . . . .

BETTI.

Tant pis; car j'aurois bien travaillé

BELTON.
        Dans ces lieux
On épargne à ton Sexe un travail odieux.

BETTI.

C'est que vos femmes sont languissantes, débiles;
J'en ai déjà vu deux tout-à-fait immobiles.
Mais pour moi le travail eut toujours des appas;
Dans nos champs, dès l'enfance, il exerça mes bras.

BELTON.

Tu ne peux travailler au séjour où nous sommes;
L'usage le défend.

BETTI.
    Le permet-il aux hommes?

BELTON.

Sans doute il le permet.

BETTI *avec joie*.
  Belton, embrasse-moi.

BELTON.

Quoi! donc?

BETTI.
  Tu me rendras ce que j'ai fait pour toi.

BELTON.

Ah! c'est trop prolonger un supplice si rude.
Vois la cause & l'excès de mon inquiétude.
Va, Betti; j'ai déjà regretté ton pays:
Ici par ces travaux nous sommes avilis.
Vois à quel sort, hélas! nous devons nous attendre!
Des besoins renaissans l'horreur va nous surprendre.
Privés d'appuis, de biens, abandonnés de tous,
L'œil affreux du Mépris s'attachera sur nous.
Nous n'oserons encor prendre ces soins utiles
Que l'amour ennoblit, qu'ici l'on croit serviles.
Il faudra dévorer, mendier les dédains;
Rebutés, condamnés à l'affront d'être plaints.
Tout aigrira nos maux jusqu'à notre tendresse.
Nous haïrons l'amour; nous craindrons la vieillesse;
En d'autres malheureux reproduits quelque jour,
Nos mains repousseront les fruits de notre amour.

BETTI.

Ciel!

SCÈNE V

BETTI, BELTON, MYLFORD.

MYLFORD *à Belton.*
Je quitte Arabelle, & je vais vous instruire. . . . .

BETTI *à Mylford.*
Aimes-tu Belton?

MYLFORD.
Oui.

BETTI.
Bon! il vient de me dire
Qu'il n'a point d'or . . .

BELTON *à Mylford.*
O Ciel! oseriez-vous penser! . . .

MYLFORD.
Par un vain désaveu craignez de m'offenser.
Vous connoissez mon cœur, mes sentimens, mon zéle;
Je sçais l'heureux devoir d'une amitié fidelle;
Tout mon bien est à vous.

BELTON *bas à Betti.*
A quoi me réduis-tu!

BETTI *à Belton.*
Mais il t'offre son or; que ne le reçois-tu?
(*à Mylford.*)
Nous ne prendrons pas tout.

BELTON *à Mylford.*
Souffrez que je l'instruise.
(*à Betti.*)
Il se fait tort pour moi: son cœur le lui déguise.
Il m'offre tout son bien: je dois le refuser,
Ou de son amitié ce seroit abuser.
Cette offre où quelquefois un ami se résigne,
Quand on l'ose accepter, on en devient indigne.

BETTI.

Quoi! l'on rejette ici les dons de l'amitié?

BELTON.

Souvent qui les reçoit excite la pitié.

BETTI.

Je ne vous entens point. Si chez vous la parole
Ne présente aucun sens, c'est donc un bruit frivole?
Des cris dans nos forêts parloient plus clairement,
Que ce langage vain que votre cœur dément.
Quoi! tu veux que les dons puissent être une tache?
Que sur qui les reçoit quelqu'opprobre s'attache?
Que la main d'un ami?..... Non, tu t'es abusé:
J'en suis sûre. Jamais je ne t'ai méprisé.

MYLFORD.

Belton, vous entendez la voix de la Nature.
Elle me venge, ami; vous m'aviez fait injure.
 (*à Betti.*)
Je voudrois lui parler, Betti; retire-toi.

BETTI.

Pourquoi donc? Ne peux-tu lui parler devant moi?
Est-il quelque secret que l'on doive me taire?
 (*à Belton qu'elle regarde tendrement.*)

Quand je t'en confiois, éloignois-je mon pere?
Tu le veux! . . . . .

BELTON *lui fait un signe de tête.*

BETTI.

Allons donc!
(*Betti en sortant soupire & regarde plusieurs fois Belton.*)

SCÈNE VI

BELTON, MYLFORD.

MYLFORD.

Enfin tout est conclu.
Je suis sûr d'Arabelle, & son cœur n'est connu.
Sa réponse pour vous est des plus favorables,
"Ces nœuds, a-t'elle dit, me semblent désirables.
"Mon cœur depuis six ans à Belton fut promis.
"Mes yeux ont vu Belton, & ce cœur s'est soumis.
"Je déplorois sa mort, le Ciel nous le renvoie
"Mon Pere a commandé, j'obéis avec joie."
Mais de cet air chagrin que dois-je enfin penser?
L'amitié doit sçavoir ...

BELTON.

Ah! c'est trop l'offenser.
Connoissez mon état. La jeune Infortunée,
Compagne de mes maux, en ces lieux amenée ...
L'Homme est fait pour aimer. J'ai possédé son cœur:
Dans un Climat barbare elle a fait mon bonheur.
Non, je ne puis trahir sa tendresse fidelle.
Elle a tout fait pour moi.

MYLFORD.

Vous ferez tout pour elle,
Il m'est doux de trouver mon ami généreux;
Mais mon premier désir est de vous voir heureux.
De l'hymen d'Arabelle observez l'avantage;

Observez que déja vous touchez à cet âge,
Où pour un état sûr, votre choix arrêté
Doit vous donner un rang dans la société.
Pour vous par cet hymen la fortune est fixée;
Et de tous vos malheurs la trace est effacée.

BELTON.

Je le sens: vos raisons pénétrent mon esprit.
Sans peine il les admet; mais mon cœur les détruit.
Qui moi? Trahir Betti! La rendre malheureuse!
Je n'en puis soutenir l'image douloureuse.
Hélas! si vous sçaviez tout ce que je lui dois!
Mais qui peut le sçavoir?... C'est elle; je la vois.
Le remords à ses yeux m'agite & me dévore.

SCÈNE VII

BETTI, BELTON, MYLFORD.

BETTI *à Belton.*

As-tu quelque secret à me cacher encore?
Hélas! oui. . . . Loin de moi tu détournes les yeux.
Ah! je veux t'arracher ce secret odieux.
Mais qui vient nous troubler?

MYLFORD *à Belton.*

C'est mon oncle lui-même.

BETTI.

Quel pays! On n'y peut joüir de ce qu'on aime.

MYLFORD.

Adieu: décidez-vous; vous n'avez qu'un instant.
Songez à votre état, au prix qui vous attend,
A cinq ans de malheurs, à vous, à votre pere,
Et prenez un parti que je crois nécessaire.

BETTI *à Belton en lui montrant Mowbrai.*
Ne faut-il pas sortir encor pour celui-là?
Moi, j'aime ce vieillard; je reste.

SCÈNE VIII

BETTI, BELTON, MOWBRAI.

MOWBRAI.

Te voilà!
Je te cherchois. J'apporte une heureuse nouvelle.
J'ai pour toi la promesse & l'aveu d'Arabelle.
Le contrat est tout prêt.

BELTON.

Une telle faveur....
Autant qu'il est en vous .... peut faire mon bonheur.
BETTI *à Mowbrai avec ingénuité.*
Bien obligé....

MOWBRAI.

Betti, tu serviras ma fille;
Et je te veux toujours garder dans ma famille.

BETTI.

Oh! pour moi je ne veux servir que mon ami.

MOWBRAI à *Belton.*
Combien tu dois l'aimer! Je me sens attendri:
En formant ces doux nœuds, l'amitié paternelle
Croit assurer aussi le bonheur d'Arabelle;
Et par l'égalité cet hymen assorti
A ma fille.

BETTI.

Belton, que parle-t-il ici
De sa fille, & qu'importe?...

MOWBRAI à *Belton.*
Eh! daigne lui répondre.

BELTON *à part.*
Dieux! quel affreux moment! que je me sens confondre!

MOWBRAI.
Son amitié mérite un meilleur traitement;
Et tu dois avec elle en user autrement.
Eh! quand elle sçauroit qu'un prochain hymenée
De ma fille à ton sort joindra la destinée;
Elle prend part assez. . . .

BETTI.
Bon vieillard, que dis-tu?

MOWBRAI à *Belton.*
Mais d'où vient donc cet air inquiet, éperdu?
(*à Betti.*)
Dès aujourd'hui ma fille. . . .

BELTON *à part.*
Il va lui percer l'ame.

MOWBRAI.
Par des nœuds éternels va devenir sa femme.

BETTI *à Belton.*
Sa femme! votre fille! . . . . Est-il bien vrai, cruel!
Aurois-tu bien formé ce projet criminel?
Quoi! tu pourrois trahir l'Amante la plus tendre!
O malheur! ô forfait! que je ne puis comprendre! . . .
Mais je ne te crains plus: tu m'as dit mille fois
Qu'ici contre le crime on a recours aux Loix;
J'ose les implorer: tu m'y forces, perfide.

Respectable Vieillard, sois mon juge & mon guide;
Que ta voix avec moi les implore aujourd'hui.

MOWBRAI.

(à part.) (à Betti.)
Qu'allois-je faire? O Ciel!... Je serai ton appui.
Mais mon enfant; ces Loix que ton amour réclame,
En vain....

BETTI.

Quoi! par vos Loix il peut trahir ma flâme!
Il pourroit oublier.... Dieu! quels affreux Climats!
Dans quel pays, ô Ciel! as-tu conduit mes pas?
Arrache-moi des lieux, témoins de mon injure,
Qui d'un Amant chéri font un Amant parjure;
Exécrable séjour, asyle du malheur,
Où l'on a des besoins autres que ceux du cœur;
Où les bienfaits trahis, où l'amour qu'on outrage....
De la fidélité quel est ici le gage?....
Quel appui....

MOWBRAI.

Des témoins sûrs garans de l'honneur..

BETTI *vivement.*

Oh! j'en ai....

MOWBRAI.

Quels sont-ils?

BETTI.

Moi, le Ciel, & son cœur.

MOWBRAI.

Si par une promesse auguste & solemnelle....

BETTI.

Il m'a promis cent fois l'amour le plus fidèle.

MOWBRAI.

A-t-il par un écrit?

BETTI.

   O Ciel! Qu'ai-je entendu?
Quoi! tu peux demander un écrit? l'oses-tu?
Un écrit! Oui, j'en ai ... Les horreurs du naufrage,
Mes soins dans un Climat que tu nommas Sauvage,
Les dangers que pour toi j'ai mille fois courus;
Voilà mes titres. Viens, puisqu'ils sont méconnus,
Dans le fond des forêts, Barbare viens les lire?
Partout à chaque pas l'amour sçut les écrire,
Au sommet des Rochers, dans nos antres déserts,
Sur le bord du rivage & sur le sein des mers.
Il me doit tout. C'est peu d'avoir sauvé ta vie
Qu'un tigre ou que la faim t'auroit cent fois ravie.
Mes travaux, mes périls t'ont sauvé chaque jour.
Entre mon Pere & lui partageant mon amour.....
Mon Pere!... Ah! je l'entends à son heure derniere,
Au moment où nos mains lui fermoient la paupiere,
Nous dire; Mes enfans, aimez-vous à jamais.
Je t'entends lui répondre: Oui, je te le promets.
  Se tournant vers le Quakre.
Tu t'attendris....

BELTON *à part.*

   O Ciel! quel homme impitoyable
Pourroit....

MOWBRAI.

  De la trahir serois-tu bien capable?

BETTI *à Belton.*
Que ne me laissois-tu dans le fond des forêts?
J'y pourrois sans témoins gémir de tes forfaits.
Dans mon obscur réduit, dans ma grotte profonde,
Sçavois-je s'il étoit des malheureux au monde?
Ah! combien je le sens, quand tu ne m'aimes plus!
Eh bien! puisqu'à jamais nos liens sont rompus. . . .
Tire-moi de ces lieux. Qu'au moins dans ma misere
Mes pleurs puissent couler sur le tombeau d'un Pere.
Toi, Cruel, vis ici parmi des malheureux;
Ils te ressemblent tous, s'ils te souffrent chez eux.

BELTON *se tournant tendrement.*
Betti! . . . . .

BETTI.
    Tu m'as donné ce nom que je déteste,
Ce nom qui me rappelle un souvenir funeste,
Ce nom qui fait hélas! mon malheur aujourd'hui:
Jadis il me fut cher; il me venoit de lui.
A ce nom qu'il aimoit, autrefois sa tendresse
Daignoit joindre le sien, les prononçoit sans cesse;
Se faisoit un bonheur de les unir tous deux.
Prononcés par ma bouche, ils rallumoient ses feux:
Son affreux changement pour jamais les sépare.

MOWBRAI *à part.*
Mon cœur est oppressé! . . .
                (*à Belton.*)
                Quoi! tu pourrois Barbare. . . .

BELTON.
Je le suis en effet pour avoir résisté
A cet amour si tendre & trop peu mérité.

Ah! crois-en les sermens de mon ame attendrie!
  (*à Betti.*)
L'indigence & les maux où j'exposois ta vie
Seuls à t'abandonner pouvoient forcer mon cœur;
Même en te trahissant, je voulois ton bonheur.
Dût cent fois dans tes bras la misere & l'outrage
M'accabler, m'écraser, je bénis mon partage!
Je brave ces besoins qui pouvoient m'allarmer;
Je n'en connois plus qu'un: c'est celui de t'aimer.
Je te perdois! O Ciel! Que j'allois être à plaindre.
        Il se jette à ses pieds.
Voudras-tu pardonner.....

BETTI.

            Ah, tu n'as rien à craindre,
Cruel! tu le sçais trop: ce cœur qui t'est connu
Peut-il....

BELTON.

Chere Betti, quel cœur j'aurois perdu!
                    (*ils s'embrassent.*)
MOWBRAI.

O spectacle touchant! Tendresse aimable & pure!
L'amour porte en mon sein le cri de la Nature.
Livrez-vous sans réserve à des transports si doux;
Je les sens & mon cœur les partage avec vous.
  (*à Belton.*)   (*à Betti.*)
Tu fus vil un instant:.... Et toi, que tu m'es chere!
  (*il va vers la Coulisse.*)
John, John.

SCÈNE IX

BETTI, MOWBRAI, BELTON, JOHN.

MOWBRAI.

Ecoute

JOHN.

Quoi!

MOWBRAI.

Fais venir le Notaire.

(*John sort.*)

Belton, rends grace au Ciel de t'avoir reservé
Ce cœur si généreux, par toi-même éprouvé;
Et que ton ame un jour puisse égaler la sienne.

BETTI.

Egale, cher Belton, ta tendresse à la mienne.
Existant dans ton cœur, riche de ton amour,
Le mien peut être heureux, même dans ce séjour.
(*à Mowbrai.*)
Cesse de l'accabler par un cruel reproche:
Il m'aime. . . . .

MOWBRAI.

Quelqu'un vient: c'est le Notaire.

SCÈNE X

BETTI, BELTON, MOWBRAI,
LE NOTAIRE.

MOWBRAI.
Approche.

LE NOTAIRE.
Serviteur.

MOWBRAI.
Assieds-toi... C'est pour ces deux Epoux.

BETTI *à Belton.*
Quel est cet homme-là?...

BELTON.
Cet homme vient pour nous.

LE NOTAIRE *à Mowbrai.*
Tu te trompes, je crois, je ne viens pas pour elle;
Et j'ai sur ce contrat mis le nom d'Arabelle.

MOWBRAI.
Efface-moi ce nom; mets celui de Betti.

LE NOTAIRE.
Betti!.....

MOWBRAI.
Vîte, dépêche...

LE NOTAIRE.
>Allons; soit . . . J'ai fini.

BELTON.

Signons.

LE NOTAIRE.
>C'est bien dit, mais avant la signature
>Il faudroit mettre au moins la dot de la Future.

MOWBRAI.

Allons, mets: ses vertus.

LE NOTAIRE *laisse tomber sa plume.*
>Bon! tu railles je crois.

MOWBRAI.

Ses vertus.

LE NOTAIRE.
>Allons donc; tu te mocques de moi.
>Qui jamais auroit vu? . . .

MOWBRAI *avec impatience.*
>Mets ses vertus, te dis-je?

LE NOTAIRE.

Tout de bon! par ma foi, ceci tient du prodige!
N'ajoute-t-on plus rien?

MOWBRAI.
>Est-il rien au dessus? . . . . .
>Ajoute, si tu veux; cinquante mille écus.

LE NOTAIRE.

Cinquante mille écus si tu veux! L'accessoire
Vaut bien le principal, autant que je puis croire.

BELTON *à Betti.*

Il nous comble de biens! Ah! courons dans ses bras . . .

BETTI.

Ah! Surtout, bon Vieillard, ne nous méprise pas.

MOWBRAI.

Que dit-elle? . . .

BETTI.

    Ah! je sçais que chez vous on méprise
Que dit-elle? . . .

MOWBRAI.

          Autre sottise!
Où prend-elle cela? Seroit-ce toi, Belton,
Qui peut la prévenir de cette illusion?
De rougir des bienfaits ton ame a la foiblesse?
Puisqu'avec le malheur tu confonds la bassesse,
Je dois te rassûrer. Je ne te donne rien.
La somme est à ton Pere & je te rends ton bien,

LE NOTAIRE *à Belton.*

Signez.

BELTON *signe.*

LE NOTAIRE (*à Betti.*)

 A vous. . . . .

BETTI.

    Qui? moi! je ne sçais point écrire.

BELTON.

Donnez-moi votre main, l'amour va la conduire.

BETTI.

Et le cœur & la main, Belton tout est à toi.

BELTON.

Votre cœur en aimant, ne le céde qu'à moi.

BETTI.

Eh! bien! c'est donc fini? Que cela veut-il dire?

BELTON.

Qu'au bonheur de tous deux vous venez de souscrire;
Vous m'assûrez l'objet qui m'avoit sçu charmer.

BETTI.

Quoi! sans cet homme noir je n'aurois pu t'aimer?
 (*au Notaire.*)
Donne-moi cet écrit.

LE NOTAIRE.
 Il n'est pas nécessaire.
Cet écrit doit toujours rester chez le Notaire.
D'ailleurs que feriez-vous de. . . . .

BETTI.
 Ce que j'en ferois!
S'il cessoit de m'aimer, je le lui montrerois.

LE NOTAIRE.

Peste! le beau secret qu'a trouvé là, Madame!

BELTON.

En doutant de mes feux vous affligez mon ame.

MOWBRAI.

Par les nœuds les plus Saints je viens de vous unir.
Ton Pere l'auroit fait; j'ai dû le prévenir.
Il approuvera tout:

(*en montrant Betti.*)

        Et voilà notre excuse.
Instruisons mon ami que sa douleur abuse.
Lui-même en t'embrassant voudra tout oublier:
Consoler ses vieux jours, c'est te justifier.

FIN.

APPROBATION.

J'ai lu par l'ordre de Monseigneur le Vice-Chancelier, une Comédie intitulée: *La Jeune Indienne*, en un Acte & en Vers: & je n'y ai rien trouvé qui puisse en empêcher l'impression. A Paris ce 10 Mai 1764.

MARIN.

APPENDICES

I. *NOTE SUR LE TEXTE*

En plus de l'édition originale, publiée à Paris, chez Cailleau, Libraire, rue Saint-Jacques, M. Price a noté les éditions séparées suivantes: A Copenhague, 1764; A Vienne, en Autriche, dans l'imprimerie de Ghelen, 1765; A Dresde, Walther, 1765; Amsterdam et La Haye, 1766. Il faut y ajouter, une édition publiée à Paris, chez Caillear, avec un titre identique à celui de l'édition originale, d'une très mauvaise impression et sur mauvais papier, mais avec les fautes d'impression corrigées, et une autre dont je dois communication à l'amabilité de mon collègue le professeur Harold S. Jantz, imprimée à La Haye, chez Jean Neaulme, 1764, qui est une reproduction exacte de la première édition de Paris.

Il n'y a lieu de tenir compte que d'un seul texte, celui de Cailleau, qui a été soigneusement revu par Chamfort, comme l'atteste cette note du libraire: "Le Lecteur est prié de lire cet ERRATA, exigé par l'Auteur."

Nous avons tenu à reproduire le texte de Chamfort tel qu'il a été imprimé sans modifier l'orthographe, ni la ponctuation, ni surtout la "capitalisation." Une enquête que nous ne pouvons reproduire ici permet d'affirmer que les lettres majuscules étaient souvent employées au dix-septième et au dix-huitième siècles pour donner à certains mots soit plus de "dignité," comme le disait Louis Racine, soit une valeur "emphatique" pour employer une expression de Diderot. Il en était de même des signes de ponctuation qui étaient souvent destinés à marquer non pas tant des coupes conformes à la syntaxe que des pauses et des nuances de diction. Il importait donc de ne point moderniser un texte qui, comme celui-ci, a été corrigé par l'auteur et dont il a surveillé l'impression.

Un Anglais de la Barbade, vend sa Maitresse

Raynal, *Histoire philosophique*, Genève, 1781, vol. VII.

Par contre, il n'a pas semblé nécessaire de surcharger les vers de Chamfort de notes sur la langue et la versification. La langue est simple; on y rencontre parfois des tournure maladroites et des rimes assez pauvres, mais point de difficultés qui puissent arrêter le lecteur.

Il n'a pas été jugé indispensable non plus d'indiquer les rapprochements évidents avec de nombreux vers du théâtre classique, pas plus que les ressemblances que l'on pourrait établir avec des ouvrages qui ont suivi. Par contre, on trouvera, en appendice, la traduction française du texte de Richard Ligon, celle de la version de Steele et, comme contraste, le résumé philosophique et schématique de l'histoire d'Inkle et de Yarico donné par l'abbé Raynal.

Sur la place qu'occupe *La Jeune Indienne* dans l'histoire du théâtre, on pourra consulter l'ouvrage de F. Gaiffe, *Le Drame en France au XVIIIe siècle*. Paris, 1907.

Sur Chamfort lui-même on pourra se reporter à l'édition des *Œuvres complètes*, donnée en 1824 par P. R. Auguis et à l'ouvrage bien académique et bien peu satisfaisant de Maurice Pellisson, *Chamfort. Etude sur sa vie, son caractère et ses écrits.*

Sur les Quakers, le livre de Miss Edith Philips, *The Good Quaker in French Legend*, Philadelphia, 1932, continue à faire autorité.

En plus de l'ouvrage de M. Lawrence Marsden Price, *Inkle and Yarico Album*, Berkeley, 1937, les lecteurs curieux d'exotisme trouveront des indications plus générales dans mes trois ouvrages *L'Exotisme américain dans la littérature française au XVIe siècle*, Paris, 1911; *L'Amérique et le rêve exotique dans la littérature française au XVIIe et au XVIIIe siècle,* Paris, 1913 et 1934; et *L'exotisme américain dans l'œuvre de Chateaubriand*, Paris, 1918. M. Benjamin Bissell s'est placé à un point de vue plus particulier dans son livre sur *The American Indian in English Literature of the Eighteenth Century*, New Haven, 1925. Au contraire, M. Hoxie Neale Fairchild a donné une vue plus générale et plus compréhensive du sujet dans *The Noble Savage. A study in Romantic Naturalism.* New York, 1928.

II. *LA VERSION DE RICHARD LIGON*

Nous avions une Indienne, qui estoit Esclave dans la maison, qui estoit fort bien faite de sa personne, et d'une belle couleur, car elle estoit d'une vraye couleur de chastain-clair, les mammelles petites, et le bout des tetons de couleur de porphire, mais jamais on ne put la persuader de porter aucune sorte d'habits.

Il arriva qu'elle fut engrossée par un Serviteur Chrestien, et comme elle logeoit dans la Case des Indiens parmy d'autres femmes de son païs, où les Serviteurs Chrestiens tant hommes que femmes alloient et venoient librement, comme elle se vit fort grosse et que son terme fut venu, ayant honte d'entrer en travail et d'accoucher devant les hommes, fut dans un Bois, où il y avoit un Estang, sur le bord duquel elle accoucha, puis alla laver son enfant dans l'eau de cet Estang et l'envelopa dans les linges qu'elle avoit tirez des Chrestiens, et trois heures aprés s'en revint au logis avec son enfant entre ses bras, qui estoit un garçon vigoureux et gaillard.

Cette Indienne demeuroit prés du rivage de la Mer, dans le Continent de l'Amérique, lors qu'un Navire Anglois ayant abordé dans une Baye, l'on envoya quelques-uns de ses gens à terre pour y chercher des vivres et de l'eau, parce qu'ils en avoient besoin, mais comme les Indiens les virent entrer si avant dans le païs qu'ils auroient de la peine à se retirer en seureté, ils les vinrent couper comme ils s'en retournoient, et les attaquerent de sorte qu'ils les chasserent jusques dans un Bois, où estant dispersez, les uns furent pris, et les autres tuez; mais un jeune homme entre les autres s'estant escarté de la troupe, fut rencontré par cette fille, qui d'abord devint amoureuse de luy, et le cacha dans une Caverne, pour empescher qu'il ne fust découvert par les autres Indiens, où elle le nourrit jusqu'à ce qu'ils peussent retirer en seureté à la coste où le Navire estoit à l'Anchre, en attendant le retour de leurs gens, et les ayant apperceus sur le rivage on y envoya la Chaloupe, qui les prit et les amena à bord. Mais lors que ce jeune homme fut arrivé aux bordages, il oublia la faveur que cette fille luy avoit faite, qui avoit mis sa vie au hazard pour conserver la sienne, et la vendit pour Esclave, quoy qu'elle fust née aussi libre que luy, et de cette maniere cette pauvre Yarico perdit sa liberté pour récompense de son amour.

Histoire de l'Isle des Barbades par Richard Ligon. Traduit de l'Anglois, sur la copie imprimée à Londres, par Humphrey Moseley, aux Armes du Prince, au Cimetière de Saint Paul en 1657. Dans le *Recueil de divers voyages faits en Afrique et en l'Amérique.* Paris, 1674, pp. 92 et 93.

III. *LA VERSION DE STEELE*

M. THOMAS INKLE, troisième fils d'une de nos riches Citoyens de Londres, âgé de vingt ans, s'embarqua aux Dunes, le 16 de *Juin* 1647, sur le vaisseau nommé l'*Achille*, destiné pour les *Indes Occidentales*. Il entreprit ce voyage dans la vue de s'enrichir par le Commerce, et il avoit les talents nécessaires pour y réussir; il étoit fort rompu dans la science des Nombres, et il pouvoit calculer d'un coup de plume, s'il y avoit du profit ou de la perte dans quelque Négoce. En un mot, son père n'avoit rien oublié pour lui inspirer de bonne heure l'amour du gain, et l'attacher à ses intérêts d'une manière capable de prévenir l'ardeur naturelle de ses autres passions. Avec ce tour d'esprit, il n'étoit pas mal fait de sa personne, il avoit le visage vermeil, l'air robuste et vigoureux, et sa chevelure blonde et frisée lui pendoit négligemment sur les épaules. Il arriva dans le cours de son voyage, que l'*Achille* manqua de vivres, et qu'il entra dans un petit Port-brute sur la côte de l'Amérique, pour y faire de nouvelles provisions. Notre jeune homme y descendit à terre avec plusieurs autres *Anglois*, et sans prendre garde à un parti d'*Indiens* qui s'étoient cachés dans les bois pour les observer, ils s'éloignèrent un peu trop du bord de la mer, de sorte que les Naturels du pays fondirent sur eux, et les massacrèrent presque tous. M. *Inkle* eut le bonheur de s'échapper, avec quelques autres, dans une forêt, où, accablé de fatigue et hors d'haleine, il se jeta sur une petite éminence à l'écart. Il n'y fut pas plutôt qu'une jeune *Indienne* sortit d'un endroit couvert de buisson qu'il y avoit derrière lui, et le vint trouver.

Surpris d'abord l'un et l'autre, ils ne tardèrent pas à se regarder d'un œil favorable. Si l'*Européen* fut charmé de la tournure, des traits et des grâces un peu sauvages de l'*Américaine* toute nue, celle-ci n'admira pas moins l'air, le teint et la taille d'un *Européen* habillé de pied en cap. Elle devint même si amoureuse de lui, qu'inquiette pour sa vie, elle le conduisit dans une cave, et qu'après l'y avoir régalé de fruits délicieux, elle eut soin de le mener boire à une source d'eau vive. Au milieu de tous ces bons offices, elle se plaisoit quelquefois à badiner avec ses cheveux blonds, et à les opposer à la couleur de ses doigts. Tantôt elle se divertissoit à lui découvrir le sein, et à le regarder, ou à se moquer de lui et à rire, lorsqu'il vouloit le cacher. Il n'y a nul doute que cette *Indienne*, nommée *Yarico*, ne fût une personne de distinction, puisqu'elle se paroît tous les jours de nouveaux colliers des plus beaux coquillages, ou de grains de verre, et qu'elle lui apportoit quantité de riches dépouilles de ses autres Amans; c'est-à-dire, que la cave de notre jeune *Anglois* étoit garnie de toute sorte de peaux marquetées et des plus belles plumes de différentes couleurs qu'il y eût dans le Pais. Pour lui rendre même sa prison plus supportable, elle se hasardoit quelquefois de le conduire entre chien et loup, ou au clair de la Lune, à des bocages reculés ou à des solitudes charmantes; et apres lui avoir indiqué un endroit où il pouvoit reposer tranquillement au doux murmure des eaux, et au chant du rossignol, elle faisoit sentinelle, ou le tenoit endormi entre ses bras, et l'éveilloit dès qu'il y avoit quelque danger à craindre de la part des *Indiens*. C'est ainsi qu'ils passoient le tems l'un et l'autre, jusqu'à ce qu'ils eussent inventé un nouveau langage, à la faveur duquel notre jeune Héros dit à sa Maitresse, qu'il s'estimeroit bien-heureux de pouvoir la posséder dans le Pais de sa naissance, où elle iroit habillée d'étoffes de soie, comme celle de sa veste; où il la feroit porter dans des maisons traînées par des chevaux, à l'abri du vent et de la pluie; et où ils ne seroient pas exposés à toutes ces craintes et ces allarmes qui les agitoient alors. Ils avoient déjà vécu plusieurs mois au milieu de leurs tendres amours, lorsque *Yarico* apperçut un Navire sur la côte, et qu'instruite par son Amant, elle fit divers signaux à ceux qui le montoient. Dès que la nuit arriva, ils se rendirent l'un et l'autre sur le rivage, où ils eurent la joie et la satisfaction de trouver quelques-uns des gens de ce Vaisseau, qui étoit *Anglois*, et qui alloit aux *Barbades*. Pleins d'espérance de se voir bientôt délivrés de leurs inquiétudes, et de jouir d'un bonheur moins interrompu, ils se mirent dessus. Mais à l'approche de cette Isle, notre jeune homme, rêveur et pensif, vint à considérer le tems qu'il avoit perdu, et à calculer tous les jours que son capital ne lui avoit produit aucun intérêt. Afin donc de se mettre en état de réparer ses pertes, et de pouvoir rendre bon compte de son voyage à ses parens et à ses amis, il résolut de se défaire de *Yarico* à son arrivée au Port, où un Vaisseau n'a pas plutôt mouillé, qu'il se tient un Marché public sur le bord de la mer pour la vente des Esclaves, *Indiens* ou autres, qu'il y amène, à peu près comme on vend ici les chevaux et les bœufs. Cette pauvre malheureuse eut beau fondre en larmes, et lui représenter qu'elle étoit enceinte de ses œuvres; insensible à toute autre voix qu'à celle de l'intérêt, il ne pensa qu'à profiter de son aveu, pour en tirer une plus grosse somme d'un Marchand de la Colonie, auquel il la vendit.

Le Spectateur, ou le Socrate Moderne ... traduit de l'Anglais. Amsterdam, 1746. Discours IX.

IV. *LA VERSION DE L'ABBÉ RAYNAL*

INGRATITUDE MONSTRUEUSE D'UN ANGLOIS DE LA BARBADE

DES Anglois débarqués sur les côtes du continent pour y faire des esclaves, furent découverts par les Caraïbes qui servoient de butin à leurs courses. Ces sauvages fondirent sur la troupe ennemie, qu'ils mirent à mort ou en fuite. Un jeune homme long-temps poursuivi, se jetta dans un bois. Une Indienne l'ayant rencontré, sauva ses jours, le nourrit secrètement, et le reconduisit après quelque temps sur les bords de la mer. Ses compagnons y attendoient à l'ancre ceux qui s'étoient égarés; la chaloupe vint le prendre. Sa libératrice voulut le suivre au vaisseau. Dès qu'ils furent arrivés à la Barbade, le monstre vendit celle qui lui avoit conservé la vie, qui lui avoit donné son cœur, avec tous les sentimens et tous les trésors de l'amour. Pour réparer l'honneur de la nation Angloise, un de ses poètes a dévoué lui-même à l'horreur de la postérité, ce monument infâme d'avarice et de perfidie. Plusieurs langues l'ont fait détester des nations.

Histoire philosophique et politique des établissemens et du commerce des Européens dans les deux Indes. Genève, 1781, vol. VII, p. 240.

GPSR Authorized Representative: Easy Access System Europe - Mustamäe tee 50, 10621 Tallinn, Estonia, gpsr.requests@easproject.com

www.ingramcontent.com/pod-product-compliance
Lightning Source LLC
Chambersburg PA
CBHW051529230426
43668CB00012B/1793